46

D0671436

LE
TRAVAIL
FANTÔME

DU MÊME AUTEUR

AUX MÊMES ÉDITIONS

Libérer l'avenir
1971
coll. « Points », 1972

Une société sans école
1971

Énergie et Équité
1973
coll. « 01 Techno-critique », 1975

La Convivialité
1973
coll. « Points », 1975

Némésis médicale
1975
coll. « Points », 1981

Le Chômage créateur
Postface à *la Convivialité*
1977

IVAN ILLICH

LE TRAVAIL FANTÔME

TRADUIT DE L'ANGLAIS PAR
MAUD SISSUNG

Universitas
BIBLIOTHECA
Ottaviensis

ÉDITIONS DU SEUIL
27, rue Jacob, Paris VIe

561631

HD
75
I4414
1981

ISBN 2-02-005803-0

© *1980, Ivan Illich.*

© *1981, Éditions du Seuil, pour la version française.*

La loi du 11 mars 1957 interdit les copies ou reproductions destinées à une utilisation collective. Toute représentation ou reproduction intégrale ou partielle faite par quelque procédé que ce soit, sans le consentement de l'auteur ou de ses ayants cause, est illicite et constitue une contrefaçon sanctionnée par les articles 425 et suivants du Code pénal.

Introduction

Le présent ouvrage, composé de cinq essais, se propose de mettre en lumière la distinction entre le domaine vernaculaire et l'économie fantôme. Je forge le terme d' « économie fantôme » pour parler d'activités et d'échanges qui ne relèvent pas du secteur monétaire et cependant n'existent pas dans les sociétés préindustrielles. Quant au « domaine vernaculaire », le meilleur moyen de le cerner semble être d'en considérer un élément caractéristique : la langue vernaculaire. Par contraste, l'acquisition pédagogique de la langue maternelle relève de l'économie, bien souvent de l'économie fantôme. Je lui consacre ici une étude.

L'histoire moderne peut être comprise comme l'histoire de la formation du domaine de la rareté. Mais ce n'est pas dans une perspective définie par les concepts des sciences politiques ou économiques formelles que j'analyse l'histoire de ce domaine spécifiquement moderne. Car ce qui m'intéresse, c'est son substrat inapparent. Je me propose de décrire les caractères qui échappent simultanément aux catégories de l'économiste et à celles que l'anthropologue juge applicables à l'étude des économies de subsistance. En considérant l'histoire du début du XIXe siècle, je constate qu'avec le progrès de la monétarisation, son complément non monétaire prend corps. Ensemble ils constituent la sphère économique, étant au même titre étrangers à ce qui prévaut dans les sociétés préindustrielles. Je constate en effet, plus directement, l'apparition, avec l'industrialisation, d'un genre de labeur qui ne reçoit pas de rétribution, et qui pourtant ne contribue nullement à rendre le foyer indépendant du marché. En fait, cette nouvelle sorte d'activité, le travail fantôme de la ménagère dans sa sphère domestique neuve, non productrice de subsistance, devient la condition nécessaire de l'existence de son conjoint salarié, le contraignant matériellement à rester dans son emploi, que celui-ci soit légalement déclaré et soumis à l'impôt ou qu'il s'agisse d'un travail noir. Ainsi le travail fantôme, phénomène aussi récent que l'emploi salarié moderne, pourrait bien être plus fondamental que ce dernier pour perpétuer l'existence d'une société dans laquelle tous les besoins sont orientés vers des produits. Faire ressortir la distinction entre le travail fantôme et les activités vernaculaires, voilà la part la plus difficile de ma recherche mais aussi la plus riche.

Ce sujet d'étude, ce n'est pas la simple curiosité qui me le dicte, mais mon opposition à une tendance que j'observe dans le discours politique et le discours professionnel depuis le milieu des années soixante-dix. Dans tous les domaines où des experts des services « s'occupent » des gens, je constate un effort de ces professionnels pour enrôler le profane, autrement dit le client, en tant qu'assistant non rétribué opérant sous leur contrôle. Par cette politique du *self-help,* la bifurcation fondamentale de la société industrielle est projetée à l'intérieur du foyer : chacun devient producteur individuel de la marchandise nécessaire à la satisfaction de ses propres besoins de consommateur. Pour propager cette expansion neuve du travail fantôme, des termes tels qu'alternative, décentralisation, conscientisation, sont affectés d'une signification qui est exactement le contraire de ce qu'entendaient ceux qui les inaugurèrent. A défaut de dégager clairement et de faire saisir la distinction entre travail fantôme et activités propres au domaine vernaculaire de la subsistance, l'économie de l'autosatisfaction, de l'autosurveillance, deviendra le premier secteur de la croissance au cours des années quatre-vingt. Dans l'essai qui ouvre ce recueil, j'explique pourquoi ce genre de colonisation des « activités du secteur informel » me semble constituer la nouvelle frontière de l'arrogance des experts. Je crains que ce complément non monétarisé de l'économie classique détruise beaucoup plus efficacement que ne l'ont fait le travail salarié et la production en série la valeur d'utilisation communautaire et conviviale de l'environnement.

Il est donc clair que la distinction que j'opère entre travail fantôme et domaine vernaculaire n'est nullement d'ordre académique. Les mots que j'ai forgés pourront, avec le temps, être remplacés par de meilleures formulations, mais, dans son essence, il y a là une distinction cruciale pour comprendre le troisième stade auquel accède présentement la discussion publique sur les limites de la croissance.

Le premier stade est survenu il y a plus de dix ans. Alors, les hérauts universitaires et journalistiques réunis par le Club de Rome ont soudain alerté le grand public : si on ne modifiait pas les orientations majeures de la production industrielle, la biosphère allait bientôt devenir inhabitable. C'était avant tout l'environnement physique que l'on voyait menacé ; aussi, les débats qui en résultèrent se bornaient-ils aux combustibles et aux nuisances. Il me parut alors important d'attirer l'attention sur la nécessité de limites analogues dans le secteur des services. C'est ce que j'ai tenté de faire dans *Une société sans école*. Dans cet ouvrage, je montrais que les institutions vouées aux services dans l'Etat-providence produisaient inévitablement des effets secondaires comparables aux effets secondaires de la surproduction de biens. Il fallait envisager complémentairement à des limites à la production de biens marchands des limites aux services de prise en charge. En outre, les deux sortes de limites étaient fondamentalement indépendantes des options politiques ou technologiques. Depuis lors, la nécessité de limites à la prise en charge institutionnelle a été reconnue : limites à la médicalisation de la santé, à l'institutionnalisation de l'enseignement, aux assurances contre les risques, à l'emprise tentaculaire des médias, à la tolérance à la prise en charge sociale — tout cela fait aujourd'hui partie de la discussion sur l' « écologie ».

Avec les années quatre-vingt, le débat sur les limites de la croissance accède à un troisième stade. Le premier s'était

9

principalement centré sur les biens, le deuxième sur les services. Le troisième se centre sur les « communaux ».

Quand on parle des communaux, on songe aussitôt aux pâtures et aux bois. On songe à la clôture des communaux par laquelle le seigneur excluait l'unique mouton du paysan, le privant par là d'un moyen d'existence marginal par rapport au marché, et le forçant donc au salariat proto-industriel. On pense à la destruction de ce que E.P. Thompson appelait l'*économie morale*. Les communaux dont on débat aujourd'hui sont quelque chose de beaucoup plus subtil. Les économistes inclinent à en parler comme d'une « valeur d'utilisation de l'environnement ». J'estime pour ma part que la discussion publique sur les limites de la croissance économique se centrera bientôt sur la préservation de ces « valeurs d'utilisation », valeurs qui seront détruites par l'expansion économique, *quelque forme* qu'elle prenne.

Il est facile de comprendre pourquoi. Jusqu'à nos jours, le développement économique a toujours signifié que les gens, au lieu de faire une chose, seraient désormais en mesure de l'acheter. Les valeurs d'usage hors-marché sont remplacées par des marchandises. Le développement économique signifie également qu'au bout d'un moment *il faut* que les gens achètent la marchandise, parce que les conditions qui leur permettaient de vivre sans elle ont disparu de leur environnement, physique, social ou culturel. L'environnement ne peut plus être utilisé par ceux qui sont dans l'incapacité d'acheter le bien ou le service. Les rues, par exemple, étaient principalement destinées à ceux qui les peuplaient. On y grandissait, on y apprenait à affronter et maîtriser son existence. Puis les rues reçurent un tracé neuf, rectiligne, et un aménagement approprié à la circulation des véhicules. Et cette transformation est survenue longtemps avant que les écoles se multiplient pour accueillir les jeunes ainsi chassés des rues. La valeur d'utilisation pour le savoir d'un environnement « communal » disparut plus rapidement que n'apparurent les institutions dévolues à un enseignement formel qui devaient s'y substituer.

Dans *la Convivialité,* j'ai montré de quelle façon la croissance économique détruit l'environnement qui permet la

10

création de valeurs d'usage. J'ai appelé ce processus la « modernisation de la pauvreté » parce que, dans une société moderne, ce sont précisément ceux qui ont le moins accès au marché qui ont aussi le moins accès à la valeur d'utilisation des communaux. J'ai attribué ce fait au « monopole radical de la marchandise sur la satisfaction des besoins ».

Mais, à cette époque, je ne comprenais pas encore la complémentarité entre l'économie classique et l'économie fantôme. Je ne comprenais pas que la suppression des communaux résultait bien moins de ce qu'on obligeait les gens au salariat que de ce qu'on les contraignait au travail fantôme. Et c'est là un point dont l'importance apparaît à présent, car l'intérêt qui se développe actuellement à l'égard du secteur informel pourrait aisément déboucher sur un stade neuf de la croissance économique fondé sur la colonisation du secteur informel, sur l'exploitation intensive du travail fantôme.

Chacun de ces essais a une histoire. « La colonisation du secteur informel » fut rédigé à l'invitation de Paul Streeten comme contribution centrale à la Conference of Development Economists qui s'est tenue à Colombo, en août 1978. Les deux essais sur les valeurs et le domaine vernaculaires naquirent d'entretiens avec Devi P. Pattanayak, directeur de l'All India Institute of Languages de Mysore. « La recherche conviviale » a pour origine une des douze conférences sur des textes du début du XIIᵉ siècle faites à l'université de Cassel. Il a été rédigé à l'intention du recueil sur les outils conviviaux que prépare Valentina Borremans avec, entre autres, des études de Karl Polanyi, Lewis Mumford et André Gorz. Quant à l'essai sur le « travail fantôme », il s'est dégagé de conversations avec Barbara Duden et Claudia von Werlhof ainsi qu'avec Christine et Ernst Ulrich von Weizsäcker. Il a servi de thème à des séminaires d'étude universitaires et extra-universitaires, à la fin de l'année 1980, et je lui joins ici, en appendice, le guide bibliographique que j'avais préparé pour les étudiants.

Avec une finesse qui ne cesse jamais de me surprendre, Maud Sissung a traduit ces essais de l'anglais. Nous avons relu le premier ensemble, au Mexique, chez Valentina Borremans. Rétrospectivement, il serait difficile de dire qui, de nous trois, a trouvé tel terme précis, telle tournure de phrase. Une chose en tout cas est certaine, la présente version française me satisfait plus que le texte anglais initial.

Ivan Illich
Göttingen, octobre 1980.

1
La colonisation du secteur informel

Au cours des années soixante, le « développement » est devenu un idéal à l'instar de la « liberté » et de l' « égalité ». Le développement des autres peuples constituait pour les nantis un devoir et une responsabilité. On définissait le développement comme un programme de construction, on parlait en toute candeur de « bâtir » de nouvelles nations. L'objectif immédiat de cet aménagement social était la mise en place d'un ensemble équilibré d'équipements neufs : écoles, hôpitaux modernes, vaste réseau routier, usines, électrification, allant de pair avec la création d'une population formée pour les faire fonctionner et pour éprouver leur existence comme une nécessité.

Dix ans ont passé, et l'impératif moral de naguère nous semble naïf ; rares sont aujourd'hui les esprits critiques pour qui une société désirable doit répondre à cette vision instrumentaliste. Ce changement, chez beaucoup, procède de deux raisons. La première, c'est le volume incompressible des coûts sociaux, *externes,* de ces équipements, très supérieurs à leurs bénéfices : la part prélevée sur l'impôt par les écoles et les hôpitaux excède tout ce que peut supporter une économie ; les villes fantômes, filles naturelles des autoroutes, appauvrissent le paysage rural et urbain. Les seaux en plastique de São Paulo sont moins chers et plus légers que ceux du ferblantier de village, dans le Brésil de l'Ouest. Mais, pour commencer, le plastique bon marché élimine le ferblantier, et, ensuite, il laisse une trace délétère sur l'environnement : une nouvelle sorte de fantôme. La destruction d'un savoir-faire séculaire et l'empoisonnement du milieu sont des *sous-produits inévitables,* et ils résisteront longtemps à tous les exorcismes. Quant aux indispensables cimetières pour déchets industriels, ils entraînent une dépense infiniment supérieure aux rentrées venant de la vente des seaux. Le jargon économique dirait que les coûts sociaux excèdent non seulement les bénéfices tirés de la production des seaux en plastique mais également les salaires versés à ceux qui les fabriquent. Encore ces coûts externes ne sont-ils qu'une face de la facture que le développement nous impose. *L'autre face, c'est la contre-productivité.* Pour ce qui est des coûts externes, s'ils *n'entrent pas* dans le prix payé par le consommateur, ils n'en devront pas moins, à un moment quelconque, être payés, que ce soit par lui, par d'autres, ou par les générations futures. Mais la contre-productivité est une espèce neuve de déception, qui naît *de l'usage même* de la marchandise achetée. Cette contre-productivité intrinsèque est en elle-même une composante inévitable des institutions modernes. Et elle est devenue la permanente frustration de la clientèle la plus pauvre de ces institutions, une frustration intensément ressentie mais rarement définie. Chaque grand secteur de l'économie produit ses contradictions spécifiques et paradoxales. Chaque secteur engendre inévitablement l'inverse de ce pour quoi il a été conçu. Les économistes, dont la compétence ne cesse de s'affiner lorsqu'il s'agit de chiffrer les coûts externes, sont incapables de prendre en compte ces éléments internes négatifs, donc de mesurer la frustration intrinsèque d'une clientèle captive, frustration qui est autre chose qu'un coût. Pour le plus grand nombre, le système scolaire transforme les différences génétiques en déchéance diplômée ; la médicalisation de la santé augmente très au-delà du possible et de l'utile la dépendance envers les soins, tout en sapant la capacité de l'organisme à se défendre que le sens commun appelle la bonne santé ; les transports, que le plus grand nombre ne peut utiliser qu'aux heures de pointe, allongent la durée de l'asservissement à la circulation, réduisant tout ensemble la liberté de déplacement et les possibilités de réunion. Le développement des systèmes scolaire, médical et autres structures de bien-être a, en fait, très précisément frustré les usagers de l'avantage qu'ils devaient en retirer — avantage qui était à l'origine même de la conception et du financement de ces systèmes.

Cette frustration institutionnalisée, qui résulte de la consommation obligatoire, se conjugue aux nouveaux coûts externes. La collecte des déchets et la réparation, inséparables de la consommation massive, font faire à tous, par l'intermédiaire de l'impôt qu'elles exigent, l'expérience de la pauvreté modernisée. Ces formes spécifiques modernes de frustration, de paralysie, de dilapidation suffisent à discréditer totalement l'idée que la société désirable est celle qui possède une capacité établie de production.

Le privilège le plus recherché est désormais moins d'obtenir du développement une nouvelle « satisfaction » que de se prémunir contre ses dommages. La personne « arrivée » est celle qui peut se déplacer en dehors des heures de pointe ; qui sort probablement d'un établissement d'enseignement privé ; qui peut accoucher chez elle ; qui « en sait suffisamment » pour se passer du médecin en cas de maladie ; qui a assez d'argent et de chance pour respirer un air pur ; qui a les moyens de construire sa propre baraque. Les classes inférieures se composent aujourd'hui de ceux qui *sont dans l'obligation* de consommer les produits et soins contre-productifs que leur imposent des tuteurs auto-accrédités ; les privilégiés, ceux qui sont libres de les refuser. De là une nouvelle attitude qui a pris forme ces dernières années : la conscience que nous n'avons pas les moyens, écologiquement, de poursuivre un développement *équitable* a conduit bien des gens à penser que, même dans l'hypothèse où ce développement équitable serait possible, nous n'en voudrions pas pour nous-mêmes ni ne le proposerions pour les autres.

Il y a dix ans, nous inclinions à distinguer entre les choix sociaux — domaine du politique — et les choix techniques — domaine confié aux experts. Aux premiers revenaient les fins, aux seconds, les moyens. De manière générale, les choix à faire dans la perspective d'une société désirable se rangeaient dans un spectre se déployant de la droite à la gauche : ici le développement capitaliste, là le développement socialiste. Le *comment* était abandonné aux experts. Cette attitude unidimensionnelle n'a plus cours. Aujourd'hui, outre l'exigence de savoir « qui obtient quoi », les profanes revendiquent un choix dans deux nouveaux domaines : celui des moyens de production et celui des arbitrages entre croissance et liberté. Trois axes de choix public, mutuellement perpendiculaires, traduisent ces trois catégories indépendantes d'options. Sur l'axe X je place les questions liées à la hiérarchie sociale, à l'autorité politique, à la propriété des moyens de production et à la répartition des ressources — tous choix habituellement dits « de droite » ou « de gauche ». Sur l'axe Y, je place les choix techniques entre technologies « dures » et « douces », en prenant ces termes dans un sens qui dépasse de très loin l'alternative « pour ou contre l'énergie nucléaire » : ce ne sont pas seulement les biens, mais également les services qui sont affectés par ce choix entre technologies dures et technologies douces.

Un troisième choix se place sur l'axe Z, l'axe vertical. Ce qu'il prend en compte, ce ne sont ni les privilèges des puissants ni les techniques, mais la nature de la satisfaction de l'homme. Pour en caractériser les pôles extrêmes, j'emploie des termes définis par Erich Fromm. En bas, je place une organisation sociale cherchant la satisfaction dans l' « avoir » ; en haut, celle qui cherche sa satisfaction dans le « faire ». Je place donc en bas la société dont les besoins sont toujours plus largement définis en termes d'hyperproduction de biens et de services standardisés, lesquels sont conçus par des professionnels qui tout à la fois en contrôlent la production et en prescrivent la consommation.

Cet idéal social correspond à l'image d'une humanité où chaque individu est mû par des considérations d'utilité marginale — image qui s'est développée de Mandeville à Keynes en passant par Smith et Marx, et que Louis Dumont appelle l'*homo economicus*. A l'opposé, au sommet de l'axe Z, je place — en éventail — une grande variété de sociétés dont l'existence s'organise autour des activités de subsistance. Toutes, bien que chacune à sa façon, ne peuvent qu'envisager avec scepticisme les « nécessités de la croissance ». Dans ces nouvelles sociétés où les outils contemporains facilitent la création de valeurs d'usage, marchandises et production industrielle en général ne sont affectées d'une valeur que dans la mesure où ce sont soit des ressources, soit des instruments à employer pour la subsistance. L'idéal social, ici, est celui de l'*homo habilis,* image qui englobe une multiplicité d'individus affrontant la réalité de façon *différente,* à l'inverse de l'*homo economicus* asservi à l'uniformité de « besoins » standardisés. Dans ces sociétés, l'individu qui a choisi son indépendance et son horizon tire de ce qu'il fait et fabrique pour son usage immédiat plus de satisfaction que ne lui en procureraient des produits fournis par des esclaves ou des machines. C'est là un type de programme culturel nécessairement modeste. Les gens vont aussi loin qu'ils le peuvent dans la voie de l'autosubsistance, produisant au mieux de leurs capacités, échangeant leur excédent avec leurs voisins, se passant, dans toute la mesure du possible, des produits du travail salarié.

La forme d'une société contemporaine résulte des choix qu'elle fait sur ces trois axes indépendants, et sa crédibilité dépend du degré de participation du public dans chacun de ces trois jeux d'options. Espérons que le facteur déterminant de l'impact international d'une société sera la beauté de l'image socialement éloquente qu'elle s'est donnée de façon unique, que l'exemple esthétique et éthique remplacera les bulletins de victoire des indicateurs économiques. En fait, il n'existe pas aujourd'hui d'autre voie. Un mode de vie caractérisé par l'austérité, la retenue, fruit d'un réel labeur et non susceptible de s'appliquer à grande échelle ne se prête pas à une dissémination massive par marché interposé. Pour la première fois dans l'histoire, sociétés riches et sociétés pauvres seraient vraiment placées à égalité de termes. Mais pour que ceci se réalise, il faudrait d'abord que disparaisse la conception actuelle des relations internationales Nord-Sud en termes de développement.

Et il faudrait aussi réexaminer un des objectifs les plus convoités de notre temps : le plein emploi. Il y a dix ans, les attitudes à l'égard du développement et de ses « impératifs » étaient plus simples que celles qui sont possibles aujourd'hui ; à l'égard du travail, les attitudes étaient sexistes et naïves. On identifiait le travail à l'emploi, et les emplois prestigieux étaient réservés aux hommes. L'analyse du travail « occulte » était un sujet tabou. La gauche y voyait un vestige de la « reproduction », ou « reconstitution », primitive, la droite une consommation par des non-producteurs. Gauche et droite s'accordaient cependant sur le fait que ce type de travail disparaîtrait de lui-même avec le développement. La lutte pour la création d'emplois, pour l'égalité des salaires à égalité des compétences et pour les augmentations de salaires rejetait toute occupation ne relevant pas de l'emploi dans un coin obscur — inexploré autant par les politiciens que par les économistes. Récemment les féministes, ainsi que quelques économistes et sociologues, ont commencé, en analysant les structures dites intermédiaires, à étudier les apports non rétribués entrant dans une économie industrielle, apports principalement fournis par les femmes. Ceux-là étudient la reproduction en tant que complément de la production. Mais le devant de la scène est surtout tenu par de prétendus radicaux qui débattent de modalités neuves pour la création d'emplois classiques, de formes neuves de répartition des emplois disponibles et de la transformation des travaux ménagers, de l'éducation des enfants, de la procréation et des déplacements domicile-travail en travaux rémunérés. Sous la pression de telles revendications, l'objectif du plein emploi apparaît aussi douteux que le développement. Mais de nouveaux acteurs font leur entrée, qui mettent en question la nature même du travail. Ils distinguent le travail structuré dans le cadre industriel, rétribué ou non, de la création de moyens d'existence non confinés à l'emploi et à la tutelle professionnelle. Leur débat soulève les questions clefs sur ce troisième axe, l'axe vertical. Selon que l'on accepte ou rejette l'idée que l'homme est un drogué de la croissance, on considérera que le chômage, c'est-à-dire la liberté effective de travailler sans rétribution, est une chose malheureuse que l'on subit, ou une chose utile qui représente un droit.

Dans une société d'hyperproduction standardisée, les

besoins de base sont satisfaits par des produits et services
rémunérés : le logement au même titre que l'enseignement, le
transport au même titre que l'accouchement. L'éthique du
travail qui guide une telle société légitime l'emploi rétribué et
dégrade l'activité autonome. Mais l'extension du salariat fait
plus encore : elle divise l'activité non rétribuée en deux types
opposés. Alors que le recul des activités non rétribuées devant
l'empiétement du salariat a fait l'objet de maintes études, une
autre résultante est sérieusement négligée : c'est la création
d'un nouveau genre de travail, qui est le *complément* non
rétribué du labeur et des services industriels. Il s'agit là de la
corvée, du servage industriel au service des économies
d'hyperproduction marchande, phénomène absolument distinct des activités de subsistance, lesquelles ne participent pas
du système industriel. Il y a là une distinction qui doit être
nettement comprise lorsque l'on choisit les options sur
l'axe Z, l'axe vertical, faute de quoi les activités non rétribuées risqueraient, une fois que les professionnels s'en
seraient annexé la conduite, de devenir répressivement obli-
gatoires dans une société où primerait l'intérêt écologique. Le
servage féminin dans la sphère domestique en est aujourd'hui
l'exemple le plus flagrant. Les travaux ménagers ne reçoivent
pas de rétribution. Ils ne sont pas non plus des activités de
subsistance comme au temps où, côte à côte avec les hommes,
les femmes créaient sur place la presque totalité des produits
nécessaires à la vie quotidienne de la maisonnée. De nos
jours, les travaux ménagers sont standardisés par des produits
industriels conçus précisément pour entretenir la production
et imposés de façon discriminatoire aux femmes afin de
reproduire, régénérer et motiver le travail « productif »
rétribué. Largement dénoncé par les féministes, le travail
ménager n'est qu'une des expressions typiques d'une vaste
économie de l'ombre, une économie fantôme, qui s'est
développée dans toutes les sociétés industrielles en tant que
complément, sinon source de l'expansion du travail rétribué.
Ce complément occulte, côte à côte avec l'économie classique, est un élément constitutif du mode de production

industriel[1]. Au demeurant, si l'on applique à son analyse les concepts du secteur économique classique, on constate qu'ils ne peuvent que le dénaturer ou simplement échouer à en rendre compte. La véritable différence entre deux genres d'activités non rémunérées — le travail fantôme complémentaire du travail salarié, et l'activité de subsistance, qui est en concurrence et en opposition avec l'un et l'autre — n'est jamais saisie. Dès lors, comme les activités de subsistance deviennent de plus en plus rares, toutes les activités non rétribuées revêtent une structure analogue à celle des travaux ménagers. Le travail orienté vers la croissance mène inévitablement à la standardisation et à la manipulation des activités, qu'elles soient rétribuées ou non.

Là où une communauté choisit un mode de vie orienté vers les activités de subsistance, c'est une vision inverse du travail qui prévaut. Là, l'objectif, contrairement à celui du développement, est le remplacement des biens de consommation par l'action personnelle, ou celui des outils industriels par des outils conviviaux. Là, tant le travail rémunéré que le travail fantôme sont voués au déclin, car leur production, biens ou services, prend essentiellement sa valeur en tant qu'équipement pour des activités créatrices et non pour alimenter cette fin qu'est la consommation obligatoire. Là, la guitare compte plus que le microsillon, la bibliothèque que l'école, le jardin potager que les étals du supermarché. Là, le contrôle personnel de chaque travailleur sur ses propres moyens de production détermine l'horizon réduit de chaque initiative, horizon qui est une condition nécessaire pour la production sociale et l'épanouissement individuel. L'esclavage, le servage et d'autres formes de dépendance connaissent aussi ce mode de production, mais il ne peut acquérir sa forme fructueuse, dynamique, classiquement adéquate *que si* le travailleur est le libre détenteur de ses outils et ressources ; seulement alors

---

1. J'aimerais pouvoir me servir en français, pour le désigner, de termes correspondant exactement à ceux que j'utilise en anglais : *shadow work*, *shadow economy* et, encore plus, comme en allemand, pouvoir opposer *Schattenarbeit* à *Lohnarbeit* et *Eigenarbeit*. Mais le terme « fantôme » me semble cependant rendre d'assez près cette présence masquée.

l'artisan peut-il œuvrer en virtuose. Ce mode de production ne peut transgresser les limites dictées par la nature tant à la production qu'à la société. Là, on attache du prix au chômage créateur, tandis que le salariat est simplement toléré, et dans certaines limites.

Répudier le paradigme du développement est plus facile à ceux qui étaient adultes le 20 janvier 1949. Ce jour-là, le président Truman a annoncé son programme, et au « Point Quatre » de celui-ci, nous avons fait connaissance avec le mot « développement » dans son acception actuelle. Jusque-là nous n'utilisions ce terme que pour les espèces, ou les surfaces en géométrie, ou les thèmes en musique — mais ensuite, il n'allait que trop bien s'accorder avec les mots : peuples, nations, stratégies économiques ! Depuis lors s'est abattu sur nous un flot de théories du développement dont les concepts font maintenant le bonheur des collectionneurs : « croissance », « rattrapage », « modernisation », « impérialisme », « dualisme », « dépendance », « besoins fondamentaux », « transferts de technologie », « système mondial », « industrialisation autochtone » et « débranchement temporaire ». Chacun d'entre eux venait en deux vagues. L'une amenait le pragmatiste, qui vantait la libre entreprise et la mondialisation des marchés ; l'autre, les politiciens célébrant l'idéologie et la révolution. Les théoriciens produisaient des montagnes de « modèles » et de caricatures réciproques. Et l'hypothèse de départ de chaque idée avait vite fait d'être enterrée. Le temps est venu d'exhumer les axiomes soustendant l'idée même du développement.

Fondamentalement, le développement implique le remplacement de compétences généralisées et d'activités de subsistance par l'emploi et la consommation de marchandises ; il implique le monopole du travail rémunéré par rapport à toutes les autres formes de travail ; enfin, il implique une réorganisation de l'environnement telle que l'espace, le temps, les ressources et les projets sont orientés vers la production et la consommation, tandis que les activités créatrices de valeurs d'usage, qui satisfont directement les besoins, stagnent ou disparaissent. Et tous ces changements et processus identiques de par le monde sont estimés inévitables et bons. Les grands fresquistes mexicains avaient dramatiquement représenté les personnages types du développement avant que les théoriciens en définissent les étapes. Ce type idéal d'humanité qu'ils nous montrent, c'est l'homme en bleu de travail derrière sa machine, ou en blouse blanche, penché sur un microscope. Il perce des tunnels, il conduit des tracteurs, il alimente des hauts fourneaux. Les femmes lui donnent naissance, l'allaitent, l'élèvent. En contraste saisissant avec le mode de subsistance aztèque, Rivera et Orozco montrent le travail industriel comme l'unique source de toutes les choses nécessaires à la vie et peut-être au bonheur.

Mais cet idéal de l'homme industriel est en train de s'évanouir. Les tabous qui le protégeaient s'affaiblissent. Les slogans sur la dignité et la joie du travail salarié rendent un son fêlé. Le chômage, terme introduit en 1898 pour désigner la condition de ceux qui n'avaient pas de revenu fixe, est maintenant reconnu comme étant la condition de la majeure partie de la population du globe — même au plus fort des booms industriels. En Europe de l'Est surtout, mais aussi en Chine, les peuples se sont finalement rendu compte que, depuis 1950, le terme de « classe ouvrière » a principalement servi de couverture à la revendication, par une nouvelle bourgeoisie, de privilèges pour elle-même et ses enfants. La « nécessité » de créer des emplois et de stimuler la croissance, au nom de quoi ceux qui s'étaient institués les défenseurs des pays pauvres repoussaient toute prise en considération des alternatives au développement, se révèle beaucoup moins certaine.

La contestation du développement prend des formes multiples. Rien qu'en Allemagne, en France ou en Italie, des milliers de groupes sont lancés, chacun à sa façon, dans des tentatives expérimentales d'alternative à une existence industrielle. Et ce sont, de plus en plus, des gens issus « de cette non-classe qui englobe, en fait, l'ensemble des individus qui se trouvent expulsés de la production par le processus d'abolition du travail, ou sous-employés dans leurs capacités [...] par l'industrialisation du travail intellectuel » (André Gorz). Ils tentent de « se débrancher de la consommation », comme l'ont formulé certains habitants des taudis de Chicago. Aux Etats-Unis, au moins quatre millions d'individus vivent au sein de toutes petites communautés profondément différenciées, et un nombre sept fois plus grand va dans le même sens d'une recherche d'alternatives : femmes qui ne veulent plus du gynécologue ; parents qui ne veulent plus de la scolarisation ; autoconstructeurs qui ne veulent plus de la chasse d'eau ; banlieusards qui ne veulent plus de moyens de transport dilapidateurs de temps ; consommateurs qui ne veulent plus du centre commercial. A Trivandrum, en Inde méridionale, j'ai vu une des alternatives les plus réussies à une forme particulière de dépendance envers un produit standardisé : l'instruction et le diplôme en tant que formes privilégiées du savoir. Mille sept cents villages se sont dotés de bibliothèques, chacune contenant au moins un millier de titres. Ce nombre leur suffit pour être membres de la Kerala Shastra Sahitya Parishad, à condition qu'ils prêtent au minimum trois mille volumes par an. J'ai été extrêmement réconforté de voir qu'au moins dans cette région précise du monde, des bibliothèques montées et financées par les villages eux-mêmes ont transformé l'école en annexe de la bibliothèque, alors que partout ailleurs, au cours des dix dernières années, la bibliothèque est devenue un simple dépôt de matériel pédagogique qui ne se consulte que sous la direction d'un professionnel de l'enseignement. Sur le même mode, à Bihar, Medico International constitue une tentative communautaire locale pour démédicaliser les soins de santé sans tomber dans le piège du « médecin aux pieds nus » chinois, qui, pour être relégué au niveau le plus bas, ne s'en insère pas moins dans une hiérarchie étatique de bio-contrôle.

A côté de ces formes expérimentales, la contestation du développement fait aussi appel à des moyens légaux et politiques. Il y a deux ans, consultés par référendum, les Autrichiens ont refusé à la majorité absolue la mise en marche d'une centrale nucléaire toute neuve que sollicitait le chancelier Kreisky, bien que celui-ci, ès qualité, dispose d'un électorat majoritaire. De plus en plus les citoyens, outre l'action classique des groupes de pression, ont recours au scrutin ou aux tribunaux pour fixer des critères limitatifs à la technologie de la production, sinon même pour la refuser. En Europe, les candidats « verts » commencent à rencontrer un certain succès électoral. Aux Etats-Unis, les citoyens commencent à pouvoir faire stopper la construction d'autoroutes et de barrages par des voies juridiques. Voilà le genre d'attitudes qu'on n'aurait pu prédire il y a seulement dix ans, et dont beaucoup de gens en place n'admettent pas encore la légitimité. De tels faits, qui procèdent d'une action organisée des intéressés, c'est-à-dire des citoyens chez eux, mettent en question non seulement l'idée récente du développement à l'étranger, mais le concept-base de progrès national.

A ce stade, il incombe à l'historien et au philosophe d'éclaircir les sources et le cheminement du concept des « besoins » en Occident. Ainsi seulement parviendrons-nous à comprendre comment un concept apparemment « éclairé » a pu donner naissance à une aussi dévastatrice exploitation. Cette croyance dans les besoins repose sur la notion du progrès, caractéristique de l'Occident depuis deux millénaires, et moteur de ses relations avec les autres peuples depuis la décadence de l'Empire romain. Les sociétés se reflètent dans leurs dieux transcendants ; elles se reflètent aussi dans l'image qu'elles se font de l'étranger au-delà de leurs frontières. L'Occident a exporté une dichotomie entre « eux » et « nous », uniquement propre à la société industrielle. Cette attitude particulière à l'égard de soi et des autres constitue la victoire d'une mission universaliste inaugurée en Europe. Redéfinir le développement ne ferait que renforcer la domination de l'Occident sur le « modèle économique » au moyen de la colonisation professionnelle des secteurs informel, domestique et étranger. Si l'on veut éviter ce danger, il faut d'abord bien comprendre la métamorphose en six étapes d'un concept dont le dernier avatar est le développement.

Toute communauté possède son attitude spécifique à l'égard des autres. Ainsi le Chinois ne peut parler de l'étranger ni de ce qui appartient à l'étranger sans leur accoler un terme péjoratif. Pour le Grec, l'étranger est soit l'hôte arrivé d'une *polis* voisine, soit le barbare qui n'est pas entièrement un homme. A Rome, les barbares pouvaient devenir membres de la cité, mais jamais Rome n'estima avoir obligation ou mission de les y introduire. Ce fut seulement à la basse Antiquité, avec l'Eglise de l'Europe occidentale, que l'étranger devint quelqu'un à accueillir parce qu'il en avait besoin. Cette vision de l'étranger « à charge » est devenue constitutive de la société occidentale ; sans cette mission universelle à l'égard du monde extérieur, ce que nous appelons l'Occident n'aurait jamais pris naissance.

La perception de l'étranger en tant qu'être à sauver relève d'une vision de la fonction des institutions qui a fini par prévaloir. L'étranger en tant qu'objet d'assistance procède de l'attribution à l'Eglise de fonctions maternelles, au IVe siècle. Jamais encore n'avait-on appelé « mère » une institution officielle, ni considéré comme absolument nécessaire à la vie ce qu'elle dispensait. Les hommes ne pouvaient être sauvés s'ils n'étaient nourris du lait de la foi qui coule de ses mamelles. *Voilà* l'institution qui est le prototype de l'actuelle pléthore d'institutions occidentales, chacune productrice de choses estimées fondamentalement nécessaires, chacune contrôlée par un clergé différent, professionnellement spécialisé. L'éducation et la nutrition, domaine des femmes, sont passées sous la coupe d'institutions dirigées en majeure partie par des hommes, les besoins ont été transformés en exigences de prestations institutionnelles : voilà ce qui constitue en grande partie l'histoire de l'Occident.

L'idée que l'étranger est quelqu'un qu'il faut aider a revêtu plusieurs formes successives. A la basse Antiquité, le barbare se transmua en païen : la deuxième étape dans la voie du développement commençait. Le païen, c'était le non-baptisé que la nature destinait à devenir chrétien. Ceux qui appartenaient à l'Eglise avaient devoir de le faire entrer dans la chrétienté par le baptême. Au début du Moyen Age, la majeure partie des populations d'Europe étaient baptisées, bien que souvent non encore converties. Et voici qu'apparurent les musulmans. A la différence des Goths et des Saxons, les musulmans étaient monothéistes ; manifestement fervents croyants et pratiquants, ils résistaient à la conversion. Il fallait donc qu'à côté du baptême fussent imputés encore d'autres besoins, celui d'être soumis et celui d'être instruit. Le païen devenait l'infidèle — notre troisième étape. Au haut Moyen Age, l'image de l'étranger se transforme de nouveau. Les Maures ont été chassés de Grenade, Christophe Colomb a pris la mer, et la Couronne d'Espagne assume maintes fonctions de l'Eglise. L'image de l'homme sauvage qui menace la fonction civilisatrice de l'humaniste vient remplacer celle de l'infidèle qui menace la foi. Et c'est alors aussi que, pour la première fois, l'étranger est défini en termes relevant de l'économie. Quantité d'études du temps sur les monstres, les singes et les sauvages témoignent que les Européens voient alors dans le sauvage un homme dépourvu de besoins. Cette indépendance fait sa noblesse, mais elle met en danger les visées colonialistes et mercantiles. Pour imputer des besoins au sauvage, il faut le transformer en indigène — cinquième étape. Des tribunaux espagnols, après de longues délibérations, décidèrent qu'au moins pour ce qui était du sauvage du Nouveau Monde, il avait une âme et était donc humain. Contrairement au sauvage, l'indigène avait des besoins, mais sans rapport avec ceux du civilisé. Les besoins de l'indigène sont déterminés par le climat, la race, la religion et la providence. Adam Smith réfléchira encore sur l'élasticité des besoins de l'indigène. Comme l'a noté Gunnar Myrdal, l'idée des besoins *sui generis* de l'indigène était nécessaire pour justifier le colonialisme mais aussi pour administrer les colonies. Pendant quatre siècles, le Blanc assuma le fardeau du gouvernement, de l'enseignement et du commerce des indigènes.

Chaque fois que l'Occident plaçait un masque de besoins neufs sur l'étranger, il le dépouillait du masque précédent, devenu la caricature de l'image de lui-même qu'il avait abandonnée. Il fallait que le païen, avec son âme « naturellement » chrétienne, s'efface devant l'irréductible infidèle pour permettre à la chrétienté de lancer les croisades. Le sauvage devint nécessaire pour justifier le besoin d'un enseignement humaniste séculier. L'indigène fut le concept clef de la mainmise coloniale avec ses « vertus civilisatrices ». Au moment du plan Marshall, alors que les conglomérats multinationaux prenaient leur essor et que l'arrogance des pédagogues, thérapeutes et planificateurs transnationaux ne connaissait plus de bornes, les besoins limités des indigènes en matière de biens et de services auraient mis en échec l'expansion et le progrès. Les indigènes devaient donc se métamorphoser en populations sous-développées — sixième et actuelle étape de la vision de l'étranger qu'entretient l'Occident. Par là, la décolonisation est aussi un processus de conversion : l'adoption, sur toute la terre, de l'image occidentale de l'*homo economicus* sous sa forme extrême d'*homo industrialis* aux besoins entièrement définis par la consommation. A peine a-t-il fallu vingt ans pour que deux milliards d'individus se définissent eux-mêmes comme des sous-développés. Je revois encore le carnaval de Rio en 1963 — le dernier avant l'arrivée de la Junte au pouvoir. Le maître mot des écoles de samba était « Développement », les danseurs le scandaient au rythme des tambours.

De tous les efforts missionnaires de l'Occident, le développement, fondé sur une haute consommation d'énergie par habitant et sur une intense prise en charge par les professionnels, est le plus pernicieux. C'est un programme guidé par une conception écologiquement irréalisable du contrôle de l'homme sur la nature, et par une tentative anthropologiquement perverse de remplacer le terrain culturel, avec ses accidents heureux ou malheureux, par un milieu stérile où officient des professionnels. Les hôpitaux, qui crachent les nouveau-nés et avalent les mourants, les écoles, qui sont des usines à chômeurs, les tours d'habitation entreposant les gens entre deux incursions au supermarché, les autoroutes reliant le garage au parking, voilà ce qui a été tatoué sur le paysage pendant le court feu d'artifice du développement. Déjà ces institutions, conçues pour de perpétuels nourrissons promenés du centre médical à l'école, au bureau, au stade, commencent à paraître aussi singulières que des cathédrales, dont elles ne possèdent cependant pas le charme esthétique.

Le réalisme écologique et anthropologique est devenu

indispensable. Mais attention ! L'exigence des techniques douces qui se répand est ambiguë. Autant la droite que la gauche se l'approprient. Elle peut servir au même titre les choix portés sur l'axe Z : l'activité forcenée de la ruche, ou le pluralisme des actions indépendantes. L'option « douce » mènerait facilement, chez nous, à une nouvelle version de notre société maternelle et, chez les autres, à une nouvelle métamorphose de l'idéal missionnaire. Ainsi, par exemple, Amory Lovins estime que la possibilité de poursuivre la croissance tient dans un passage rapide aux technologies douces. C'est, affirme-t-il, le seul moyen pour que, dans cette génération, double le revenu réel des pays riches tandis que celui des pays pauvres triplerait. Seul le passage des combustibles à l'énergie solaire peut réduire suffisamment les coûts externes pour que les ressources à présent gâchées en produisant des déchets et en payant ceux qui les font disparaître se transforment en profits. Je n'en disconviens pas. S'il doit y avoir croissance, Lovins a raison ; et l'on a bien meilleur compte d'investir dans les éoliennes que dans les derricks. Pour la droite *et* la gauche traditionnelles, pour le dirigisme démocratique *ou* pour l'autoritarisme socialiste, technologie et énergie douces deviennent le fondement rationnel d'une expansion de leurs bureaucraties et d'une escalade dans la satisfaction des « besoins » au moyen de la production standardisée de biens et de services.

La Banque mondiale fait le même calcul. Ce n'est que dans des formes de production industrielle hyper-utilisatrices de main-d'œuvre, fussent-elles même parfois moins « productives », que l'apprentissage peut être affecté d'une valeur éducative. Des usines ayant un meilleur rendement créent d'énormes coûts externes en nécessitant une main-d'œuvre préalablement spécialisée et, au surplus, ne permettent aucune formation sur le tas.

L'Organisation mondiale de la santé préconise à présent la prévention et la préparation à l'auto-assistance. C'est la seule voie pour obtenir une amélioration des niveaux de santé tout en renonçant aux thérapies coûteuses — dont la plupart n'ont pas de résultats probants à leur actif, bien que les médecins n'aient pratiquement recours qu'à elles. L'utopie égalitaire libérale du xviiie siècle, dont les socialistes du xixe siècle avaient fait l'idéal de la société industrielle, ne semble plus aujourd'hui réalisable que par la voie douce et l'auto-assistance. Là-dessus, droite et gauche convergent. Wolfgang Harich, communiste de haute culture, trempé dans ses convictions par deux séjours pénitentiaires, chacun de huit années et au secret — sous Hitler et Ulbricht, respectivement —, est l'avocat de la voie douce en Europe de l'Est. Mais, alors que pour Lovins le passage à la production décentralisée dépend du marché, pour Harich la nécessité de ce passage est un argument en faveur d'une écologie stalinienne. Pour la droite *et* la gauche, les démocrates *ou* les autoritaristes, les technologies et l'énergie douces deviennent les moyens nécessaires à la satisfaction d'une escalade des « besoins » par la production standardisée de biens et de services.

Ainsi la voie douce peut-elle mener soit vers une société conviviale où les gens possèdent les moyens matériels de faire par eux-mêmes ce qu'ils estiment nécessaires à leur survie ou à leur plaisir, soit vers une nouvelle forme de société asservie à la production industrielle où l'objectif du plein emploi signifie que toute activité, rétribuée ou non, est politiquement aménagée. Une « voie de gauche » ou une « voie douce » peuvent aussi bien déboucher sur le « développement » et le « plein emploi » que s'en éloigner : cela dépend du choix fait entre l' « avoir » et le « faire » sur le troisième axe, l'axe vertical.

Nous avons vu que partout où s'élargit le travail salarié, son ombre, le servage industriel, s'élargit également. Le travail salarié, en tant que forme dominante de la production, et les travaux ménagers non rétribués, qui en sont le complément idéal, sont au même titre des formes d'activités sans précédent dans l'histoire ou dans l'anthropologie. Ils priment là où l'Etat absolu, puis l'Etat industriel ont détruit les conditions sociales d'un mode de vie tourné vers la subsistance. Ils s'étendent, au fur et à mesure que les communautés à petite échelle, vernaculaires et diversifiées, sont rendues sociologiquement et légalement impossibles — créant un monde d'individus dépendants, leur vie durant, de l'enseignement, des services de santé, des transports et autres produits standardisés fournis par les multiples canaux d'alimentation mécanique des institutions industrielles.

L'analyse économique classique n'a jamais étudié qu'un seul de ces deux domaines d'activité complémentaires de l'âge industriel : le domaine du citoyen en tant que producteur salarié. Les activités également productives de ceux qui « ne travaillent pas » sont jusqu'ici restées dans l'ombre du projecteur économique. Ce que font les femmes ou les enfants, ce qui occupe les hommes « après le travail », qui leur accordait le moindre intérêt ? Mais les choses sont en train de se modifier rapidement. On commence à prêter attention à l'apport des activités non rétribuées au système industriel, à sa nature et à sa portée. Les études menées par les féministes sur l'histoire et l'anthropologie du travail ne permettent plus d'ignorer ce fait que, dans une société industrielle, le travail établit entre les sexes une frontière beaucoup plus tranchée que dans n'importe quelle autre forme de société. Au XIXᵉ siècle, les femmes sont entrées dans la main-d'œuvre salariée des nations « avancées » ; puis elles ont acquis l'accès sans restriction à l'enseignement, et des droits égaux dans le travail. Or, toutes ces « victoires » ont eu précisément un effet inverse de celui qu'on croyait de bonne foi pouvoir en attendre. Paradoxalement, l' « émancipation » a fait croître le contraste entre travail rétribué et travail non rétribué ; elle a tranché tout ce qui liait travail non rétribué et activités de subsistance. Il en a découlé une redéfinition du travail non rétribué qui fait de celui-ci une nouvelle forme de servage, inévitablement supporté par les femmes.

La distinction entre tâches masculines et tâches féminines n'est pas neuve ; toutes les sociétés différencient entre les travaux propres à l'un et l'autre sexe. Ainsi du foin que les hommes fauchent et que les femmes râtellent, que les hommes bottellent et que les femmes chargent sur les chariots conduits par les hommes, que les femmes donnent aux vaches, et les hommes, aux chevaux. Mais on chercherait vainement dans d'autres cultures une division similaire à celle qu'opère notre société entre deux formes de travail, l'une rétribuée, l'autre non ; l'une relevant, estime-t-on, de la production, l'autre de la reproduction et de la consommation ; l'une jugée lourde et l'autre légère ; l'une exigeant des qualifications spéciales et l'autre non ; l'une affectée d'un haut prestige social et l'autre reléguée parmi les affaires « privées ». L'une et l'autre formes ne sont pas moins fondamentales dans le mode industriel de production. Elles ne diffèrent que par un point : le surplus fourni par le travail salarié est perçu directement par l'employeur, tandis que la valeur ajoutée du travail non rétribué ne lui parvient que par l'intermédiaire de la main-d'œuvre qu'il emploie. Il n'existe nulle part deux formes aussi distinctes de travail grâce auxquelles chaque famille crée un surplus dont elle est dépossédée.

Cette division entre travail payé, relevant de l'emploi, et non payé, ne relevant pas de l'emploi, aurait été inconcevable dans les sociétés où pratiquement tout ce qui assurait l'existence d'une maisonnée était fait ou fabriqué sur place. S'il existe, dans mainte société, des traces de travail rétribué et de son ombre, dans aucune l'un ou l'autre n'auraient pu devenir le paradigme du travail pour cette société, ni être employés comme symboles clefs d'une division discriminatoire des tâches. Et comme ces deux types de travail n'existaient pas, comme il était inconcevable d'attribuer des natures économiques distinctes à l'homme et à la femme, la famille n'avait pas vocation de coupler ces contraires. A aucun moment de l'histoire la famille, nucléaire ou extensive, n'a été l'instrument de liaison entre deux catégories de travail qui, à la fois, sont complémentaires et s'excluent mutuellement, l'une réservée à l'homme, l'autre à la femme. Cette symbiose entre des formes inverses d'activité, inséparablement unies dans la famille, est uniquement propre à notre société d'hyperproduction de biens et services. Nous nous apercevons maintenant qu'elle est le résultat inévitable de la poursuite du développement et du plein emploi.

Une analyse féministe de l'histoire du travail industriel pourrait supprimer un angle mort de l'économie : l'*homo economicus* n'a jamais été sexuellement neutre ; dès l'origine, l'*homo industrialis* comporte deux genres : *vir laborans,* le travailleur, et *femina domestica,* la femme au foyer. Il n'est pas une société se développant dans la perspective du plein emploi où le travail fantôme n'ait grandi de pair avec l'emploi. Et le travail fantôme a constitué un moyen, efficace comme nul autre, de dégrader un type d'activité où priment forcément les femmes et de rehausser celui qui privilégie les hommes.

A date assez récente, la distinction orthodoxe entre les fonctions de production et de consommation a cessé d'être soutenable. Voici soudain que des intérêts opposés portent sur la place publique la question de l'importance du travail non rétribué. Les économistes « mesurent » et affectent de valeurs ce qui se passe dans le secteur « informel » : pour les uns, la part de travail effectuée par le client qui choisit, paye et emporte un gâteau ajoute à la valeur du gâteau ; d'autres calculent les choix marginaux effectués dans les activités sexuelles, ou encore la valeur supérieure du jogging comparée à celle de la chirurgie cardiaque.

Les femmes au foyer demandent rétribution de leurs travaux ménagers à parité avec ces mêmes services dans les motels et restaurants. Les professeurs transforment les mères en surveillantes émérites mais bénévoles des devoirs de leurs enfants. Des rapports officiels reconnaissent que les besoins fondamentaux, tels que les définissent les professionnels, ne peuvent être satisfaits que si les profanes se mettent de la partie, pourvu qu'ils aient la compétence et qu'ils ne touchent pas de rémunération. Si la croissance et le plein emploi continuent à demeurer les objectifs, le dernier avatar du « développement » dans les années quatre-vingt sera la mise à contribution disciplinée des gens motivés par des récompenses non monétaires.

Je propose, de préférence à cette existence dans une économie « de l'ombre », les idées du travail vernaculaire, portées au sommet de l'axe Z, l'axe vertical : des activités non rétribuées, qui assurent et améliorent l'existence, mais sont totalement réfractaires à toute analyse ayant recours aux concepts définis par l'économie classique. J'appelle ces activités « vernaculaires », pour combler l'absence actuelle de concept permettant d'opérer la distinction entre l'avoir et le faire dans le domaine où ont cours des termes tels que « secteur informel », « valeur d'usage », « reproduction sociale ». Le mot « vernaculaire », emprunté au latin, ne nous sert plus qu'à qualifier la langue que nous avons acquise sans l'intervention d'enseignants rétribués. A Rome, il fut employé de 500 av. J.-C. à 600 ap. J.-C. pour désigner toute valeur engendrée, faite dans l'espace domestique, tirée de ce que l'on possédait, et que l'on se devait de protéger et de défendre bien qu'elle ne pût être un objet de commerce, d'achat ou de vente. Je propose que nous réactivions ce terme simple, *vernaculaire,* par opposition aux marchandises et à leur ombre. Il me permet de distinguer entre l'expansion de l'économie fantôme et de son contraire : l'expansion du domaine vernaculaire.

La tension et l'équilibre entre l'activité vernaculaire et le labeur industriel — payé ou non —, voilà la question capitale de la troisième dimension des options, distincte du choix politique de droite ou de gauche, de même que du choix entre techniques douces et dures. Le travail industriel, rétribué ou autrement extorqué, ne disparaîtra pas. Mais quand le développement, le travail salarié et son ombre empiètent sur le travail vernaculaire, la relative priorité de l'un ou de l'autre est la question centrale. Nous sommes libres de choisir entre, d'un côté, le travail standardisé, dirigé hiérarchiquement, et qui peut être rétribué ou non, choisi ou imposé, et, de l'autre, une constante disponibilité devant des formes d'activités de subsistance toujours neuves, simples et finies, dont la production ne peut être planifiée par les fonctionnaires, dirigée par les hiérarchies, et qui répondent aux valeurs intrinsèques d'une communauté spécifique.

S'il y a expansion de l'économie, possible avec le choix de la voie douce, l'économie de l'ombre ne peut que connaître une expansion encore plus rapide, et le domaine vernaculaire décliner encore plus. Dans ce cas, avec la raréfaction de l'emploi, les chômeurs seront intégrés dans les nouvelles activités *utilitaires* du secteur informel. Les chômeurs mâles se verront accorder le « privilège » de se livrer aux activités non rémunérées nourricières de la productivité, lesquelles, depuis leur émergence en tant que travaux ménagers au XIXe siècle, avaient été bénignement réservées au « sexe faible » — désignation qui commence à avoir cours à peu près dans le même temps, quand la tâche des femmes passe de la subsistance au servage industriel. Ce que l'affection conjugale et parentale faisait faire à la femme perdra alors son caractère sexué, et pourra ainsi être régi étatiquement.

Dans cette option, le développement international demeurera bien enraciné. L'assistance technique au développement du secteur informel à l'étranger reflétera la nouvelle domination asexuée et gratuite des chômeurs dans le territoire national. Déjà les nouveaux experts prônant la supériorité des méthodes françaises d'auto-assistance ou de construction d'éoliennes sur les allemandes encombrent aéroports et conférences internationales. L'ultime espoir des bureaucraties du développement réside dans le développement des économies fantômes.

Cependant, maints groupes prennent aujourd'hui position contre tout ceci — contre l'utilisation des technologies douces afin de réduire le domaine vernaculaire et d'augmenter le contrôle des professionnels sur les activités du secteur informel. Ces nouvelles avant-gardes voient dans le progrès technique un instrument éventuellement utilisable au profit d'un type neuf de valeur, ni traditionnel ni industriel, mais à la fois tourné vers la subsistance et choisi rationnellement. La vie qu'ils mènent, avec plus ou moins de succès, exprime un sens critique de la beauté, une expérience particulière du plaisir, une vision de l'existence propre à chaque groupe, comprise mais pas nécessairement partagée par un autre groupe. Ils ont découvert que les outils modernes rendent possible la subsistance au moyen d'activités permettant des styles de vie divers et évolutifs, débarrassés des fastidieuses corvées qu'imposait la subsistance ancienne. Ils luttent pour la liberté d'élargir le domaine vernaculaire de leur existence.

L'exemple de ces avant-gardes, de Travancore au Pays de

Galles, pourrait bien, avant peu, faire basculer ces majorités naguère encore enivrées par le « modèle de démonstration » moderne de l'enrichissement qui les abrutit, les écœure, les paralyse. Mais deux conditions sont nécessaires. La première, c'est que le nouveau mode de vie résultant de la relation neuve entre les gens et les outils soit imprégné d'une vision de l'espèce humaine en tant qu'*homo habilis* et non *homo industrialis*. La deuxième, c'est que ces styles de vie indépendants de la production industrielle ne soient pas imposés, mais façonnés par chaque petite communauté, à sa seule intention. Les communautés où priment les valeurs vernaculaires n'ont pas grand-chose à offrir aux autres, si ce n'est l'attrait de leur exemple. Mais l'exemple d'une société pauvre où le travail vernaculaire assure hautement la subsistance moderne ne devrait pas manquer d'attrait pour les chômeurs mâles d'une société riche à présent condamnés, comme leurs femmes, à la reproduction sociale dans une économie fantôme en expansion.

2

Les valeurs vernaculaires

Ce que l'on ne doit pas faire est tabou ; l'impensable est un tabou du deuxième degré. Toute société divise l'environnement en nourriture, poison et choses incomestibles. Manger du porc souille le Juif ; il ne songerait jamais à manger des bégonias. La question de leur pureté rituelle ne se pose même pas. Pourtant, pour le Mexicain de Tilzapotla, ils constituent une gourmandise. J'en ai eu encore récemment la preuve en retrouvant mes bégonias décapités par le visiteur mexicain que j'avais laissé quelques instants seul au jardin.

Les questions, elles aussi, se divisent en légitimes, illégitimes et « à ne pas soulever ». Non que ces dernières ne soient pas fondées — on peut apprécier le goût des bégonias —, mais celui qui les soulève risque de se faire taxer d'intolérable présomption. La distinction entre valeurs vernaculaires et valeurs industrielles relève de cet ostracisme. Avec le présent essai, je me propose de faire accéder cette distinction au domaine de la discussion admissible.

Depuis 1973, la célébration annuelle du Yom Kippour nous rappelle la guerre qui déclencha la crise de l'énergie. Mais un effet plus durable de cette guerre sera son impact sur la pensée économique. C'est depuis lors que les économistes se sont mis à manger du porc, à violer un tabou qui était implicite dans l'économie classique. Certes, reconnaître que dans toute économie avancée — plus, sans doute, en Italie ou en Pologne qu'en France — le travail noir et le marché noir sont en expansion rapide ne constitue pas pour eux une transgression. Le marché est noir parce qu'il échappe au fisc, non à la loi du marché. Mais les économistes vont plus loin. Ils ajoutent au produit national brut (PNB) des biens et des services pour lesquels il n'existe pas de prix de vente ni de contrepartie salariale. Il se succèdent pour annoncer la bonne nouvelle que, dans les sociétés avancées, un tiers, la moitié ou même les deux tiers de tous les biens et services sont produits en dehors du marché, légitime ou noir : par les travaux ménagers, les études personnelles, les transports quotidiens, les achats et autres activités non rétribuées.

Les économistes ne peuvent opérer que dans les domaines qu'ils sont capables de mesurer. Pour étalonner le non-marchand, il leur faut une nouvelle aune. Là où l'argent n'est pas la monnaie, il faut des concepts *sui generis*. Mais les nouveaux outils doivent avoir une corrélation avec les anciens, faute de quoi la science économique serait désarmée. Pigou distinguait un de ces outils dans le *shadow-price*, le « prix fantôme » : c'est l'évaluation monétaire d'un bien ou d'un service présentement obtenu sans contrepartie monétaire. Ce qui n'est pas payé, et peut-être même ce qui n'a pas de prix, reçoit ainsi droit de cité dans le royaume de la marchandise, accède à un domaine que l'on peut structurer bureaucratiquement, gérer, rendre opérationnel. Le non-payé relève dès lors d'une économie fantôme, et il est en corrélation avec ce qui est fourni contre argent par les hypermarchés, les écoles, les hôpitaux, de la même façon que sont en corrélation l'onde et la particule — les électrons sont inintelligibles si on n'étudie pas ensemble les deux théories.

L'analyse rigoureuse révèle que cette économie occulte reflète l'économie ordinaire. Les deux domaines sont en synergie, chacun constituant un tout. L'économie occulte a mis en œuvre une gamme complète d'activités parallèles, dans l'ombre du royaume illuminé où les salaires, les prix, les besoins et les marchés n'ont cessé d'être plus étroitement gérés au fur et à mesure que s'élargissait la production industrielle. Ainsi, nous constatons que le travail domestique d'une femme moderne est aussi radicalement nouveau que le travail salarié de son mari ; la substitution de plats tout préparés à la nourriture cuisinée chez soi est aussi neuve que la définition des besoins fondamentaux en termes coïncidant avec les produits des institutions modernes.

Je montre ailleurs que la compétence neuve de certains économistes, qui leur permet d'analyser cette zone d'ombre, est plus qu'une extension de leur analyse économique classique — c'est la découverte d'une nouvelle terre qui, comme le marché industriel, n'a émergé dans l'histoire qu'au cours des deux derniers siècles. Je suis attristé par ces économistes qui ne comprennent pas ce qu'il font. Leur destin est aussi navrant que celui de Christophe Colomb. Doté de la boussole, de la nouvelle caravelle construite pour suivre la route ouverte par la boussole, et de son flair de navigateur, il réussit à atteindre une terre inconnue. Mais il mourut sans savoir qu'il avait découvert un hémisphère, fermement convaincu d'avoir touché les Indes.

Dans un monde industriel, le domaine de l'économie occulte est comparable à la face cachée de la Lune, qu'on explore, elle aussi, pour la première fois. Et cette réalité entièrement *industrielle* est à son tour complémentaire d'un domaine indépendant que j'appelle la réalité *vernaculaire,* le domaine de la subsistance.

Selon les définitions économiques classiques du xxe siècle, aussi bien l'économie occulte que le domaine vernaculaire sont hors marché, puisque non payés. On les inclut généralement au même titre dans ce qu'on appelle le secteur informel. Et on les considère indistinctement comme des contributions à la « reproduction sociale ». Mais l'erreur souvent commise est de confondre le complément non rétribué du travail salarié — complément qui, dans sa structure, est caractéristique des sociétés industrielles et d'elles seules — avec une survivance des activités de subsistance, lesquelles sont caractéristiques des sociétés *vernaculaires* et peuvent continuer à exister dans une société industrielle.

On commence cependant à observer certains changements d'attitude. La distinction entre l'économie de marché et son ombre devient moins tranchée. La substitution de produits marchands aux activités de subsistance n'est pas nécessairement envisagée comme un progrès. Les femmes demandent si la consommation « gratuite » qui accompagne la tenue de leur ménage est un privilège ou si elles sont en réalité contraintes à un travail dégradant par les structures dominantes de la consommation obligatoire. Les étudiants demandent s'ils vont en classe pour apprendre ou pour coopérer à leur propre abrutissement. De plus en plus la consommation impose un labeur qui éclipse le mieux-être qu'elle promettait. Le choix entre une consommation hyper-utilisatrice de main-d'œuvre, éventuellement moins inhumaine et moins destructrice, mieux organisée, et des formes modernes de subsistance, se pose personnellement à un nombre croissant d'individus. Ce choix correspond à la différence entre une économie occulte qui s'accroît et le retour au domaine vernaculaire. Mais c'est précisément ce choix qui est l'angle mort irréductible de l'économie, aussi inacceptable que l'ingestion de bégonias. Le recours à un tout autre domaine peut aider à dissiper partiellement l'obscurité. Je me propose d'éclairer cette question en étudiant le *parler quotidien*. Je dégagerai la nature économique de ce parler dans la société industrielle par contraste avec son homologue des temps préindustriels. Comme je vais le montrer, cette distinction trouve son origine dans un événement peu connu qui survint à la fin du xve siècle en Espagne.

Christophe Colomb *trouve le rossignol*

Le 3 août 1492, au point du jour, Christophe Colomb prit la mer à Palos. La toute proche Cadix, beaucoup plus importante, était cette année-là engorgée : c'était l'unique port d'où les juifs fussent autorisés partir. Grenade ayant été reconquise, la lutte contre l'islam cessait, et les services de juifs devenaient donc inutiles. Colomb voulait atteindre Cipangu, selon le nom donné au Cathay (la Chine) durant le court et déjà lointain règne de Tamerlan. D'après ses calculs, un degré de latitude équivalait à quarante-cinq milles. Il plaçait donc l'Asie extrême-orientale à deux mille quatre cents milles à l'ouest des Canaries (c'est-à-dire vers les Antilles, dans la mer des Sargasses). Il avait réduit l'océan à des distances franchissables par les bateaux qu'il pouvait gouverner. Colomb emmenait un interprète arabe afin de pouvoir parler au grand Khān. Il partait pour découvrir une route, nullement un nouveau monde ni un nouvel hémisphère.

Cependant, son projet était fort déraisonnable. Certes, en ce début de la Renaissance, nul homme instruit ne doutait que la Terre fût un globe — pour certains située au centre de l'univers, pour d'autres tournoyant dans sa sphère. Mais, personne, depuis les calculs d'Eratosthène, n'avait aussi gravement sous-estimé sa taille que Colomb. En 255 av. J.-C., Eratosthène de Cyrène avait évalué à cinq cents milles la distance entre la grande bibliothèque d'Alexandrie (dont il était le « conservateur en chef ») et Syène (site actuel du barrage d'Assouan). Il prit comme étalon de mesure le cheminement remarquablement régulier de la caravane, de l'aube au coucher du soleil. Il avait observé que, le jour du solstice d'été, les rayons du soleil tombaient verticalement à Syène tandis qu'ils avaient une inclinaison de sept degrés à Alexandrie. Il calcula à partir de ces données la circonférence de la Terre, dont il donna une mesure relativement exacte à cinq pour cent près.

Lorsque Colomb sollicita l'appui de la reine pour son entreprise, la souveraine demanda au sage Talavera d'en évaluer la plausibilité. Une commission d'experts conclut que la voie-de-l'Orient-par-l'Ouest manquait de fondements solides. Selon des sources faisant autorité, la chose était incertaine sinon impossible. Le voyage projeté prenait trois ans ; on doutait que même le nouveau navire, la caravelle — conçue pour les explorations lointaines —, pût jamais revenir. Les océans n'étaient ni aussi petits ni aussi navigables que le supposait Colomb. Et il était difficile de croire que Dieu eût permis que des terres inhabitées vraiment riches demeurassent inconnues de son peuple pendant tant de siècles. La reine éconduisit donc Colomb ; elle se fondait sur la raison et sur la compétence de ses bureaucrates. Par la suite, sous l'influence fervente de franciscains, elle revint sur sa première décision et signa ses « stipulations » avec Colomb. Elle qui avait chassé l'islam de l'Europe ne pouvait décourager son amiral qui voulait planter la Croix au-delà des mers océanes. Et, comme nous le verrons, cette décision d'une conquête coloniale de l'autre côté de l'eau impliquait une guerre neuve sur la terre d'Espagne : l'invasion du domaine vernaculaire de son peuple, le déclenchement d'une guerre de cinq siècles contre la subsistance, dont nous ne commençons qu'aujourd'hui à mesurer les ravages.

Pendant cinq semaines, Colomb vogua dans des eaux connues. Il relâcha aux Canaries, pour préparer le gouvernail de la *Pinta,* remplacer la voile latine de la *Niña,* et mener une mystérieuse intrigue avec Doña Beatriz de Peraza. Le 10 semptembre, deux jours après son départ des Canaries, il trouva les vents d'est, alizés sur lesquels il misa et qui lui firent traverser rapidement l'océan. En octobre, il arriva en vue d'une terre dont pas plus lui que les conseillers de la reine ne soupçonnaient l'existence. Il consigne dans son journal, à la date du 13 octobre 1492, une belle description du chant du rossignol qui l'accueillit à Santo Domingo, alors que cet oiseau n'existait pas dans l'île. Colomb était et resta *gran marinero y mediocre cosmógrafo.* Jusqu'à son dernier jour il demeura convaincu d'avoir trouvé ce qu'il avait cherché : un rossignol espagnol aux rivages de la Chine.

Nebrija construit l'instrument : 18 août 1492

Passons maintenant du normalement connu à l'anormalement négligé — de Colomb, directement associé, avec 1492, à Elio Antonio de Nebrija, presque oublié sauf en Espagne. Pendant que Colomb navigue au cap sud-ouest dans des eaux portugaises déjà reconnues, en Espagne est proposée à la reine la construction fondamentale d'une réalité sociale neuve. Tandis que Colomb vogue vers des terres étrangères pour y chercher le familier — or, sujets, rossignols —, en Espagne Nebrija préconise de réduire les sujets de la reine à un type de dépendance entièrement nouveau. Il lui offre une arme nouvelle, la grammaire, qui sera maniée par un genre neuf de mercenaire, le *letrado*.

Ce ne fut pas sans émotion que j'ai tenu en main la *Gramática castellana* de Nebrija — un in-quarto de cinq cahiers composé en caractères gothiques. L'épigraphe est imprimée en rouge, et une page blanche précède l'Introduction :

> *A la muy alta e assi esclarecida princesa doña Isabela la tercera deste nombre Reina i señora natural de españa e las islas de nuestro mar. Comienza la gramática que nuevamente hizo al maestro Antonio de Nebrixa sobre la lengua castellana, e pone primero el prólogo. Léelo en buena hora.*

Celle qui a reconquis Grenade reçoit une supplique semblable à beaucoup d'autres. Mais, à la différence de la requête de Colomb, qui voulait des subsides pour tracer une nouvelle route vers la Chine de Marco Polo, celle de Nebrija presse la reine d'envahir un nouveau domaine dans ses territoires mêmes. Il offre à Isabelle un outil pour coloniser la langue parlée par ses sujets ; il veut qu'elle impose au peuple le remplacement de son propre parler par *sa langue à elle*.

L'empire a besoin du « langage » comme conjoint

Je traduirai et commenterai des extraits de l'introduction de six pages à la grammaire de Nebrija. Souvenons-nous bien de la date de parution que porte la *Gramática castellana,* imprimée à Salamanque : 18 août, soit exactement quinze jours après l'embarquement de Christophe Colomb.

> Mon Illustre Reine. Chaque fois que je médite sur les témoignages du passé qui ont été conservés par l'écriture, la même conclusion s'impose à moi. Le langage a toujours été le conjoint de l'empire, et il le demeurera à jamais. Ensemble ils prennent naissance, ensemble ils croissent et fleurissent, et ensemble ils déclinent.

Pour comprendre ce que *la lengua,* le « langage », signifiait pour Nebrija, il faut savoir qui il était. Antonio de la Cala (qui allait prendre peu après le nom de son bourg natal, Nebrija ou Lebrija), un *converso,* c'est-à-dire un descendant de juifs convertis, décida à dix-neuf ans que le latin, du moins dans la péninsule Ibérique, s'était corrompu au point qu'on pouvait le dire mort de délaissement. L'Espagne restait ainsi sans langage (*lengua*) digne de ce nom. Les langages des Ecritures — grec, latin, hébreu — étaient clairement autre chose que le *parler* du peuple. Nebrija alla alors en Italie, où il estimait le latin moins corrompu. Lorsqu'il revint en Espagne, son contemporain Hernán Nuñez écrivit que c'était comme Orphée ramenant Eurydice des enfers. Pendant les vingt années qui suivirent, Nebrija se voua à la renaissance de la grammaire et de la rhétorique classiques. Le premier véritable livre imprimé à Salamanque fut sa grammaire latine (1482).

Il avait atteint la quarantaine et commençait à vieillir — comme il le dit lui-même — lorsqu'il découvrit qu'il pouvait fabriquer un langage à partir des formes de parler qu'il rencontrait journellement en Espagne — construire, synthétiser chimiquement un langage. Il écrivit alors sa grammaire espagnole, la première du genre pour une langue européenne moderne. Le *converso* se fonde sur sa formation classique pour étendre la catégorie juridique de *consuetudo hispaniae* au royaume du langage. Dans le même temps où, dans toute la péninsule Ibérique, des foules parlant diverses langues se rassemblent pour des pogromes contre les intrus juifs, le *converso* cosmopolite offre ses services à la Couronne en lui proposant la création d'une langue qui primera partout où l'épée pourra la mener.

Nebrija créa deux ouvrages normatifs, tous les deux au service du régime de la reine. Il composa d'abord une grammaire. Les grammaires n'étaient pas une nouveauté. Bien que Nebrija l'ignorât, la plus parfaite de toutes avait déjà deux millénaires : la grammaire du sanscrit de Panini. Celle-ci visait à décrire une langue morte, qui ne devait être enseignée qu'à quelques-uns. Tel était le but des grammairiens prākrits en Inde, et des grammairiens latins ou grecs en

Occident. En revanche, l'ouvrage de Nebrija visait à être outil de conquête à l'étranger et, à l'intérieur, arme pour mettre fin au parler « spontané ».

Pendant qu'il travaillait à sa grammaire, Nebrija composa aussi un dictionnaire qui demeure toujours la meilleure source sur l'ancien espagnol. Les deux tentatives modernes pour le surpasser ont toutes deux échoué. Commencé en 1947, le *Tesauro lexicográfico* de Gili Gaya a sombré à la lettre E, et le *Tentative Dictionary of medieval Spanish* de R.S. Boggs demeure, depuis 1946, une ébauche souvent copiée. Le dictionnaire de Nebrija parut un an après sa grammaire, et il atteste déjà du Nouveau Monde — on y trouve le premier américanisme : *canoa* (canot).

Le castillan est sorti de l'enfance

On remarquera ce qu'énonce Nebrija sur le castillan :

> Le castillan est passé par son enfance au temps des juges et des Rois de Castille et de León ; il a crû en vigueur sous Alphonse le Savant. C'est ce roi qui fit rédiger en notre langue castillane le code de lois, l'histoire générale, et traduire maints livres du latin et de l'arabe.

Alphonse le Savant, ou le Sage (1221-1284), fut effectivement le premier monarque européen à employer la langue vulgaire ou vernaculaire des scribes comme langage de sa chancellerie. Il voulait montrer par là qu'il n'était pas un roi latin. Tel un calife, il commanda à ses courtisans d'entreprendre des pèlerinages à travers les livres musulmans et chrétiens, et de les transformer en trésors, lesquels, justement en raison de leur langue, constitueraient un précieux héritage à laisser à son royaume. Il se trouva que la plupart de ses traducteurs étaient des juifs de Tolède. Et ces juifs — dont la langue était le vieux castillan — préféraient traduire les textes orientaux en langue vernaculaire plutôt qu'en latin, qui était la langue sacrée de l'Eglise.

Nebrija fait remarquer à la reine qu'Alphonse avait laissé un sérieux ensemble de textes en ancien espagnol ; en outre, il avait œuvré à la transformation du parler vernaculaire en une véritable langue en l'employant pour la législation, l'histoire et les traductions des classiques. Et il poursuit :

> Notre langue a suivi les soldats que nous avons envoyés à l'étranger pour établir notre domination. Elle s'est répandue en Aragon, en Navarre, en Italie même... ainsi les pièces et morceaux dispersés de l'Espagne ont-ils été réunis et liés en un seul royaume.

Nebrija rappelle alors à la reine qu'il est un nouveau pacte possible entre l'épée et le livre. Il propose une alliance entre deux sphères, toutes les deux au sein du royaume séculier de la Couronne, une alliance distincte du pacte médiéval entre empereur et pape, qui avait été une alliance entre le séculier et le religieux. Il propose un pacte non point entre l'épée et le clergé — chacun souverain dans sa propre sphère — mais entre l'épée et les experts, embrassant la machine de la conquête extérieure et un système de réduction scientifique de la diversité dans tout le royaume. Et il sait fort bien à qui il s'adresse : l'épouse de Ferdinand d'Aragon, une femme qu'en une occasion il a glorifiée comme la plus éclairée de tous les hommes (*sic*). Il n'ignore pas qu'elle lit pour sa propre délectation Cicéron, Sénèque et Tite-Live dans le texte ; et qu'elle est douée d'une sensibilité unissant le physique et le spirituel dans ce qu'elle dénomme elle-même le « bon goût ». Selon les historiens, elle serait d'ailleurs la première à employer ce terme. Avec Ferdinand, elle essayait de mettre de l'ordre dans cette chaotique Castille dont ils avaient hérité ; ensemble, ils créaient des institutions gouvernementales « renaissantes », des institutions capables de faire naître un Etat moderne, et cependant quelque chose de mieux qu'une nation de procéduriers.

Et Nebrija leur fait valoir un concept qui, de nos jours encore, est puissant en espagnol : *armas y letras*. Il parle du mariage de l'empire et de la langue au souverain qui, tout récemment — et pour une période assez courte —, a ravi à l'Eglise l'Inquisition, afin d'en faire un instrument séculier du pouvoir royal. La monarchie employa l'Inquisition pour s'acquérir une maîtrise économique sur les grands, et remplacer dans les conseils du royaume les nobles par les *letrados* de Nebrija. Ce fut cette monarchie qui transforma les anciens corps consultatifs en organisations bureaucratiques de fonctionnaires — institutions n'ayant plus vocation que d'exécuter les décisions royales. Par la suite, avec le cérémonial aulique des Habsbourg, ces secrétariats ou ministères d' « experts » allaient se voir assigner dans les processions et les réceptions un rôle rituel comme aucune autre bureaucratie séculière n'en avait connu depuis Byzance.

La langue a désormais besoin de maîtres

Fort adroitement, l'argumentation de Nebrija rappelle à la reine qu'une nouvelle union entre *armas y letras,* complémentaire de celle entre l'Eglise et l'Etat, est essentielle pour réunir et lier les parcelles dispersées de l'Espagne en un royaume absolu unitaire.

> La forme et l'unité de ce royaume seront telles que les siècles ne le pourront défaire. Maintenant que l'Eglise a été purifiée et qu'ainsi nous sommes réconciliés avec Dieu [pense-t-il à l'œuvre de son contemporain, Torquemada ?], maintenant que les ennemis de la Foi ont été subjugués par nos armes [allusion à l'apogée de la *Reconquista*], maintenant que des lois justes sont promulguées, nous permettant à tous de vivre en égaux [peut-être songe-t-il aux *Hermandades*], il n'est plus d'autre floraison que celle des arts pacifiques. Et parmi les arts, les premiers sont ceux du langage, qui nous distinguent des bêtes sauvages ; le langage qui est le trait particulier unique de l'homme, le moyen d'un genre de compréhension qui n'est surpassé que par la contemplation.

Nous entendons distinctement ici l'adjuration de l'humaniste au prince, le suppliant de défendre le domaine des

47

chrétiens civilisés contre celui du sauvage. L'incapacité de l'homme sauvage à parler appartient au mythe du Sauvage partout où nous le rencontrons au Moyen Age ; dans un monde moralement ordonné, être sauvage, c'est être incohérent ou muet, pécheur et maudit. Précédemment, le païen devait être amené dans l'Eglise par le baptême ; à présent, c'est par le langage. La langue a désormais besoin de maîtres.

Une langue vagabonde, indisciplinée

Nebrija passe alors à la démonstration :

> Jusqu'aujourd'hui cette langue nôtre est restée vagabonde, indisciplinée, et c'est pourquoi rien qu'en quelques siècles elle a changé beaucoup. Si nous devions comparer ce que nous parlons aujourd'hui avec la langue parlée il y a cinq cents ans, nous constaterions une différence et une diversité qui ne pourraient être plus grandes s'il s'agissait de deux langues étrangères l'une à l'autre.

Nebrija décrit l'évolution et l'élargissement, au fil du temps, des langues vernaculaires, de la *lengua vulgar*. Ce « langage » qu'il évoque, c'est le parler « spontané » de la Castille, différent de celui de l'Aragon et de la Navarre — régions où l'introduction récente du castillan était due aux soldats —, mais également différent du vieux castillan, dans lequel les moines et les juifs d'Alphonse avaient traduit les classiques grecs à partir de leurs versions arabes. Au xve siècle, les gens sentaient et vivaient leur langue autrement que de notre temps. L'étude de Menéndez Pidal sur la langue de Colomb nous aide à comprendre ce fait. Christophe Colomb, marchand d'étoffes de Gênes, parla tout d'abord le génois, un dialecte non encore fixé aujourd'hui. Il apprit à rédiger ses lettres commerciales en latin, mais un latin assez barbare. Au Portugal, où l'avait jeté un naufrage, il épousa une Portugaise et oublia plus ou moins son italien. Il parlait le portugais mais ne sut jamais l'écrire. Durant les neuf années qu'il passa à

Lisbonne, il s'exprima, par écrit, en espagnol. Mais il n'employa jamais sa brillante intelligence à bien apprendre l'espagnol, qu'il écrivit toujours dans un style hybride fortement teinté de portugais. Son espagnol n'est pas du castillan, mais il abonde en mots simples recueillis dans toute la péninsule. En dépit de certaines monstruosités syntaxiques, il manie cette langue de façon vivante, expressive et précise. Ainsi, Colomb écrivait en deux langues qu'il ne parlait pas et en parlait plusieurs autres. Il ne semble nullement que cela pût constituer un problème pour ses contemporains. Mais il est vrai aussi qu'aux yeux de Nebrija il ne s'agissait pas là de langues.

Le parler libre, sans préceptes, trouve
un nouvel allié dans l'imprimerie...

Continuant à développer l'objet de sa supplique, il introduit l'élément clef de son argumentation : *la lengua suelta y fuera de regla,* le parler libre, sans préceptes, dans lequel s'expriment quotidiennement les gens, qu'ils emploient pour mener leur existence, ce parler populaire nuit à la Couronne. D'une réalité historique allant de soi, il fait un problème pour les architectes d'un régime neuf : l'Etat moderne.

> Votre Majesté, mon aspiration constante a été de voir notre nation exaltée, et de fournir aux hommes de ma langue des livres dignes de leur loisir. Présentement, ils gaspillent leur temps sur des contes et des histoires pleins de mensonges et d'erreurs.

Pour régler le langage, Nebrija propose d'empêcher les gens de perdre leur temps à la lecture frivole, « *cuando la emprenta aun no informaba la lengua de los libros* ». Et il n'est pas le seul, à la fin du xve siècle, à se préoccuper du « gaspillage » du temps de loisir rendu possible par l'invention du papier et par celle des caractères mobiles. Vingt-neuf ans plus tard, Ignace de Loyola, pendant sa convalescence (il avait eu une jambe fracassée par un boulet de canon au siège de Pampelune), réfléchit qu'il avait désastreusement gaspillé sa jeunesse. A trente ans, il estimait que les vanités du monde avaient empli sa vie, ayant notamment employé son loisir à la lecture de vile littérature vernaculaire.

... *et il faut y mettre halte*

Nebrija prône l'uniformisation d'une langue vivante dans l'intérêt de sa forme écrite. C'est un argument également soutenu de notre temps, mais avec une finalité autre. Nos contemporains estiment que l'uniformisation de la langue est une condition nécessaire pour l'enseignement de la lecture, indispensable à la dissémination des livres imprimés. En 1492, Nebrija fait valoir un argument inverse : il s'émeut de ce que les gens qui parlent en des dizaines de langues vernaculaires distinctes sont devenus les victimes d'une épidémie de lecture. Ils gaspillent leur loisir, perdent leur temps sur des livres qui se répandent hors de tout contrôle bureaucratique possible. Un manuscrit était si précieux et si rare que souvent les autorités pouvaient faire disparaître l'œuvre d'un auteur en en saisissant littéralement *tous* les exemplaires. Les manuscrits pouvaient éventuellement être extirpés à la racine. Mais il n'en va pas de même des livres. Même avec les petits tirages de deux cents à moins de mille exemplaires — typiques de la première génération de l'imprimerie —, il va devenir impossible de confisquer une édition dans sa totalité. Les livres imprimés exigeront l'exercice d'une censure au moyen d'un *Index des livres interdits*. On ne pourra plus que proscrire les livres, et non les détruire. Mais Nebrija formule sa proposition plus d'un demi-siècle avant la publication de l'Index (1559). Et il veut régenter la production des livres de façon autrement sévère que ce que tentera plus tard de faire l'Eglise au moyen de l'interdiction. Ce à quoi il vise, c'est à remplacer le vernaculaire du peuple par la langue du grammairien. L'humaniste propose la normalisation du langage parlé afin d'enlever au domaine vernaculaire la nouvelle technique de l'imprimerie — d'empêcher les gens d'imprimer et de lire dans les diverses langues que jusqu'alors ils se limitaient à parler. Par ce monopole sur une langue officielle et enseignée, il a l'intention de supprimer la lecture vernaculaire, libre, non enseignée.

Le vernaculaire allié à l'imprimerie mettrait en jeu l'Etat

Pour saisir toute la portée de l'argumentation de Nebrija — selon laquelle l'enseignement obligatoire d'une langue nationale normalisée est nécessaire afin d'empêcher les gens de se livrer à des lectures légères leur procurant un plaisir de mauvais aloi —, il faut se souvenir du statut de la chose imprimée à l'époque. Nebrija était né avant la création des caractères mobiles — il avait treize ans lorsque les premiers entrèrent en usage. Sa vie d'adulte coïncide avec les incunables. L'imprimerie avait vingt-cinq ans lorsqu'il publia sa grammaire latine ; elle en avait trente-cinq à la publication de sa grammaire espagnole. Nebrija pouvait se remémorer l'époque d'avant l'imprimerie, comme je me remémore celle d'avant la télévision. Par une coïncidence, ce texte de Nebrija que je commente fut publié l'année de la mort de Thomas Caxton. Et l'œuvre de Caxton nous éclaire sur le livre vernaculaire.

Thomas Caxton était un marchand drapier anglais habitant la Flandre. Il se fit traducteur, puis entra chez un imprimeur afin d'apprendre le métier. Après avoir publié quelques livres en anglais, il emporta sa presse en Angleterre en 1476. A sa mort, en 1491, il avait publié quarante traductions en anglais et pratiquement tout ce qui existait comme littérature vernaculaire anglaise, sauf — notable exception — *Pierre le laboureur* de Langland. Je me suis souvent demandé s'il ne s'était pas refusé à publier cet important ouvrage parce qu'il aurait fait concurrence à l'un de ses titres les plus demandés : *The Art and Crafte to Knowe Well to Dye*. Ce volume, sorti de son imprimerie de Westminster, appartient à la première série des manuels d'auto-assistance. Tout ce qu'il fallait savoir pour

51

faire bonne contenance dans une société instruite et courtoise, tout ce qu'il fallait faire pour se conduire de façon honnête et dévote, on le trouvait consigné dans de petits in-folio et des in-quarto imprimés en élégants caractères gothiques : instructions sur tout, de la façon de manier son couteau à celle de converser, de l'art de pleurer à celui de jouer aux échecs et à celui de mourir. Avant 1500, il avait paru quelque cent éditions de ce dernier ouvrage. Ce manuel montre comment se préparer à mourir avec dignité et sans l'intervention d'un médecin ou d'un prêtre.

Les livres d'abord publiés dans des langues populaires étaient de quatre catégories : littérature vernaculaire, indigène ; traductions du français et du latin ; ouvrages de piété ; et, déjà, des manuels « pratiques » qui rendaient les maîtres superflus. D'une autre espèce étaient les livres imprimés en latin : manuels, rituels et ouvrages juridiques — livres au service des « professionnels : clergé et enseignants. Dès les tout débuts, les livres imprimés furent de deux genres : ceux que les lecteurs choisissaient d'eux-mêmes pour leur propre délectation, et ceux qui leur étaient imposés pour leur bien. On estime qu'avant 1500, plus de dix-sept cents imprimeries, dans près de trois cents villes d'Europe, avaient sorti un ou plusieurs livres. Il y eut près de quarante mille parutions d'ouvrages au cours du xve siècle, totalisant quelque quinze à vingt millions d'exemplaires. Un tiers environ furent publiés dans les diverses langues vernaculaires de l'Europe. C'est de cette portion des livres imprimés que se préoccupe Nebrija.

Les livres vont désormais être vus et non plus entendus

Pour bien mesurer à quel point la liberté de lire chagrine Nebrija, il faut se souvenir que, de son temps, la lecture n'était pas muette. La lecture muette est une invention récente. Saint Augustin était déjà un grand auteur et évêque d'Hippone lorsqu'il découvrit que la chose était possible. Il raconte cette découverte dans ses *Confessions*. La nuit, la charité lui interdisait de troubler le sommeil des autres moines par les bruits qu'il faisait en lisant. Mais la curiosité le poussait à prendre un livre. Aussi apprit-il à lire en silence, art qu'il n'avait observé que chez un seul homme, son maître, Ambroise de Milan. Ambroise pratiquait la lecture muette parce que, sans cela, les gens s'attroupaient autour de lui et l'interrompaient de leurs questions sur le texte. La lecture à haute voix était le lien entre les études classiques et la culture populaire.

La pratique de la lecture à haute voix a des effets sociaux. C'est un moyen extraordinairement efficace d'enseigner un art à ceux qui regardent par-dessus l'épaule du lecteur ; au lieu de se confiner à une forme sublime ou sublimée de satisfaction personnelle, elle suscite des échanges communautaires ; elle conduit activement à digérer et commenter en commun les passages lus. Dans la majorité des langues de l'Inde, le verbe qui se traduit par « lire » a un sens voisin de « résonner ». Le même verbe fait résonner le livre et la *vinâ*. Lire et jouer d'un instrument de musique sont perçus comme des activités parallèles. La définition courante, univoque du savoir-lire, qui est acceptée internationalement, rejette dans l'ombre une autre approche du livre, de l'imprimé et de la lecture. Si la lecture était primordialement conçue comme une activité sociale, à l'instar, par exemple, de l'art de jouer de la guitare, un nombre plus réduit de lecteurs signifierait un accès beaucoup plus large aux livres et à la littérature.

La lecture à haute voix était commune en Europe avant l'époque de Nebrija. L'imprimerie multiplia et dissémina la contagion de la lecture de façon épidémique. La démarcation entre le lettré et l'illettré était différente de celle que nous traçons aujourd'hui. Le lettré était celui à qui on avait enseigné le latin. La grande masse des gens, parfaitement familière avec la littérature vernaculaire de leur région, soit ne savaient ni lire ni écrire, soit s'y étaient initiés seuls, soient avaient été formés comme teneurs de comptes, avaient quitté la cléricature ou, même s'ils connaissaient le latin, l'employaient rarement. Cela était vrai des pauvres et de beaucoup de nobles, surtout des femmes. Et l'on oublie trop souvent que même aujourd'hui les riches, ainsi que beaucoup de professionnels et de bureaucrates importants ont des collaborateurs qui leur présentent des résumés oraux de documents et d'informations et des secrétaires pour écrire ce qu'ils dictent.

L'entreprise que proposait Nebrija dut sembler à la reine encore plus improbable que le projet de Colomb. Mais elle se révéla finalement plus fondamentale que le Nouveau Monde pour l'ascension de l'empire des Habsbourg. Nebrija exposait clairement le moyen d'empêcher le développement libre et anarchique de la technique de l'imprimerie, et montrait de façon précise comment la transformer en un instrument de contrôle bureaucratique pour l'État national en formation.

Au service de la reine, le castillan synthétique remplacera les parlers populaires

Notre attitude actuelle à l'égard des livres procède de l'idée qu'ils ne pourraient être imprimés à l'intention du plus grand nombre s'ils étaient écrits dans une langue vernaculaire échappant aux contraintes d'une grammaire officielle. Egalement, nous pensons que les gens ne peuvent apprendre à lire et écrire leur propre langue si elle ne leur est pas enseignée comme on enseignait traditionnellement le latin aux étudiants. Ecoutons encore Nebrija :

> Grâce à ma grammaire ils entendront bien l'art du castillan, ce qui ne sera pas difficile puisqu'il se fonde sur une langue qu'ils entendent déjà ; et alors le latin leur sera facile...

Nebrija considère déjà le vernaculaire comme une matière première dont on peut tirer un art du castillan, une ressource à exploiter, plus ou moins comme le bois dit « brésil » et le bétail humain dont Colomb conclut tristement qu'ils étaient les seules ressources de valeur ou d'importance à Cuba.

Au parler développé en commun, substituer
la langue dispensée par la Couronne

Nebrija ne cherche pas à enseigner la grammaire pour que les gens apprennent à lire. Ce qu'il implore Isabelle de lui donner, c'est le pouvoir et l'autorité de juguler la dissémination anarchique de la lecture par l'emploi de sa grammaire.

Présentement, ils gaspillent leur loisir sur des romans et des contes pleins de mensonges. J'ai donc décidé que mon plus urgent devoir était de transformer [*reducir*] le parler castillan en un instrument [*artificio*] de telle sorte que tout ce qui s'écrira désormais dans cette langue puisse être d'une seule et même teneur.

Nebrija énonce franchement ce qu'il veut faire et donne même les grandes lignes de son incroyable projet. Il transforme délibérément le conjoint de l'empire en son esclave. Le premier spécialiste moderne du langage conseille à la Couronne de faire du parler et de l'existence des gens des outils de l'Etat et de ses visées. Nebrija voit dans sa grammaire un pilier de l'Etat-nation. Par là, l'Etat est perçu, dès son origine, comme un organisme agressivement productif. Le nouvel Etat prend aux gens les mots dont ils subsistent, et les transforme en une langue normalisée qu'ils seront dorénavant obligés d'employer, chacun au niveau d'instruction qui lui a été institutionnellement imputé. Désormais, les gens devront s'en remettre à un langage qu'ils reçoivent d'en haut et non plus développer une langue en commun. Ce passage du vernaculaire à une langue maternelle officiellement enseignée est peut-être l'événement le plus important — et pourtant le moins étudié — dans l'avènement d'une société hyperdépendante de biens marchands. Le passage radical du vernaculaire à la langue enseignée présage le passage du sein au biberon, de la subsistance à l'assistance, de la production pour l'usage à la production pour le marché, des espérances divisées entre l'Eglise et l'Etat à un monde où l'Eglise est marginale, la religion privatisée, et où l'Etat assume les fonctions maternelles auparavant revendiquées uniquement par l'Eglise. Précédemment, il n'y avait pas de salut hors de l'Eglise ; à présent, il n'y aura ni lecture, ni écriture — ni même, si possible, de parler — hors de la sphère de l'enseignement. Les gens devaient renaître dans le sein de la souveraine, et être nourris à sa mamelle. Voici qu'émergent pour la première fois le citoyen de l'Etat moderne et sa langue fournie par l'Etat — l'un et l'autre sont sans précédents dans l'histoire.

Le giron de l'Alma Mater

Mais cette dépendance de l'individu à l'égard d'une institution officielle, bureaucratique, pour en obtenir un service aussi indispensable à la subsistance humaine que le lait maternel, tout en étant radicalement neuve et sans parallèle hors de l'Europe, ne constituait pas une rupture avec le passé européen. C'était plutôt un pas en avant logique — un processus d'abord légitimé dans l'Eglise se transformant en une fonction temporelle reconnue et attendue de l'Etat séculier. La maternité institutionnelle a une histoire européenne unique depuis le IIIe siècle. Dans ce sens, il est vrai que l'Europe est l'Eglise, et l'Eglise, l'Europe. Nebrija et l'instruction universelle dans l'Etat moderne ne peuvent se comprendre si l'on ne considère pas d'abord l'Eglise, dans la mesure où cette institution est représentée comme une mère.

Dès les tout premiers temps, l'Eglise est appelée « mère ». Le gnostique Marcion emploie cette désignation en 144. Au commencement, c'est la communauté des fidèles qui est « mère » à l'égard des nouveaux membres qu'engendre la communion, c'est-à-dire la célébration de la communauté. Cependant, c'est bientôt l'Eglise qui devient une mère hors du giron de qui on ne peut guère se dire humain, ni vivre. Mais on a peu étudié les origines de cette conception que l'Eglise se fait d'elle-même en tant que mère. On trouve souvent évoqué le rôle des déesses-mères dans les diverses religions répandues dans tout l'Empire romain à l'époque où le christianisme commença à se diffuser. Mais le fait qui n'a pas été examiné ni même remarqué, c'est qu'aucune communauté antérieure n'avait jamais été appelée mère. Nous savons que l'image de l'Eglise en tant que mère vient de Syrie, et qu'elle s'épanouit au IIIᵉ siècle en Afrique du Nord. On en trouve la première expression dans une superbe mosaïque, près de Tripoli, où à la fois la communauté invisible et l'édifice visible sont représentés en mère. C'est à Rome que la métaphore fut le plus tardivement employée pour l'Eglise. La personnification féminine d'une institution ne répondait pas au style romain. L'idée n'apparaît pour la première fois que vers la fin du IVᵉ siècle, dans un poème du pape Damase.

Cette notion chrétienne précoce de l'Eglise en tant que mère n'a pas de précédent historique. On n'a pu, jusqu'ici, établir une influence directe gnostique ou païenne, ni une relation directe avec le culte romain de la déesse-mère. Cependant, la description de la maternité de l'Eglise est tout à fait explicite. L'Eglise conçoit, porte et enfante ses fils et ses filles. Il peut arriver qu'elle perde son fruit. Elle élève ses enfants à la mamelle, les nourrissant du lait de la foi. Si, dès ces débuts, la physionomie institutionnelle est nettement présente, l'autorité maternelle qu'exerce l'Eglise par l'intermédiaire de ses évêques, et le traitement rituel de l'édifice du culte comme une entité féminine, sont encore contrebalancés par l'insistance sur la qualité de l'amour de Dieu et de l'amour mutuel de Ses enfants dans le baptême. C'est au Moyen Age que l'image dominante de l'Eglise devient celle de la mère autoritaire et possessive. Les papes font alors prévaloir une physionomie de l'Eglise qui est *Mater, Magistra et Domina :* mère, régente et souveraine. Ainsi la désigne Grégoire VII (1073-1085) lors de son conflit avec Henri IV.

L'introduction de Nebrija s'adresse à une reine qui ambitionne de bâtir un Etat moderne. Son argumentation contient implicitement l'idée que l'Etat doit à présent assumer institutionnellement les fonctions maternelles jusque-là revendiquées uniquement par l'Eglise. *Educatio,* fonction primitivement institutionnalisée dans le giron de la Mère Eglise, devient une fonction de la Couronne dans le processus de formation de l'Etat moderne.

Le terme latin *educatio prolis* exige grammaticalement un sujet au féminin. Il désigne l'action de la mère nourrissant et élevant son petit, qu'il s'agisse de la chienne, de la truie ou de la femme. Chez les humains, seules les femmes éduquent. Et elles n'éduquent que les enfants, c'est-à-dire, étymologiquement, ceux qui ne parlent pas encore. Le mot « éduquer » n'a, étymologiquement, aucun rapport avec « tirer hors de », comme le veut le folklore pédagogique. Pestalozzi aurait dû mieux pratiquer son Cicéron : « *educit obstetrix — educat nutrix* » : « La sage-femme tire — la nourrice élève », choses que ne font pas les hommes en latin. Eux, leur domaine est la *docentia* (enseignement) et l'*instructio* (instruction). Les premiers hommes à s'attribuer des fonctions éducatrices furent les évêques des temps anciens qui menèrent leurs ouailles à l'*alma-ubera* (mamelle gonflée de lait) de la Mère Eglise dont elles ne devaient plus jamais être sevrées. C'est pourquoi, comme leurs successeurs séculiers, ils appellent les fidèles *alumni* — ce qui ne signifie rien d'autre qu'allaités ou téteurs. C'est ce transfert des fonctions de la femme à des sphères institutionnelles spécialisées gouvernées par des clergés que Nebrija contribua à opérer. Dans ce processus, l'Etat acquit la fonction d'une nourricière nantie de maintes mamelles, chacune fournissant un apport distinct et correspondant à un besoin fondamental, chacune gardée et administrée par un clergé, toujours masculin aux échelons hiérarchiques supérieurs.

Le contrôle bureaucratique en tant que pierre de sagesse

Lorsque Nebrija propose de transformer le castillan en un instrument, aussi indispensable aux sujets de la reine que la foi aux chrétiens, il fait appel à la tradition hermétique. Dans la langue de son époque, les deux mots qu'il emploie — *reducir* et *artificio* — ont chacun un sens ordinaire et un sens technique. Dans ce dernier cas, ils appartiennent au langage de l'alchimie.

Selon le dictionnaire dû à Nebrija lui-même, en espagnol du XVe siècle *reducir* signifie « transformer », « réduire à l'obéissance » et « civiliser ». C'est sous ce dernier sens que les jésuites, plus tard, entendirent les *Reducciones de Paraguay*. *Reductio* désigne également — aux XVe et XVIe siècles — l'une des sept étapes par lesquelles les éléments naturels ordinaires se transmuent pour aboutir à la pierre philosophale, la panacée qui, par contact, transforme tout en or. Ici, *reductio* indique le quatrième des sept degrés de la sublimation. C'est l'épreuve capitale que doit subir la matière grise pour s'élever des premiers aux seconds degrés illuminatifs. Dans les quatre premiers degrés, la nature brute est successivement liquéfiée, purifiée et évaporée. Au quatrième degré, celui de la *reductio,* elle est nourrie du lait philosophal. Si elle prend goût à cette substance, ce qui survient seulement si les trois premières étapes ont complètement annulé sa nature brute et indisciplinée, alors le chrysosperme, le sperme de l'or dissimulé dans ses profondeurs, peut être extrait. Voilà l'*educatio.* Au cours des trois étapes suivantes, l'alchimiste peut coaguler son *alumnus* — la substance qu'il a nourrie de son lait — en pierre philosophale. Le vocabulaire précis employé ici est légèrement postérieur à Nebrija. Il est emprunté presque littéralement à Paracelse, autre homme né à une année de distance de la publication de la *Gramática castellana*.

L'expert dont a besoin la Couronne

A présent, revenons au texte. Nebrija développe son argumentation :

> J'ai décidé de transformer le parler castillan en un instrument, de telle sorte que tout ce qui s'écrira désormais dans cette langue puisse être d'une seule et même teneur, et cela pour tous les temps à venir. Le grec et le latin ont été gouvernés par l'art, et ont ainsi conservé leur uniformité au long des âges. A défaut de faire la même chose pour notre langage, c'est en

vain que les chroniqueurs de Votre Majesté chantent ses hauts faits [...] Vos exploits disparaîtront avec le langage ou bien ils erreront au loin, parmi des étrangers, sans gîte, sans demeure où ils puissent s'établir.

L'Empire romain pouvait être gouverné grâce au latin de son élite. Mais le langage élitaire, traditionnellement employé dans les anciens empires pour consigner les annales, maintenir les relations internationales et faire progresser le savoir — ainsi du persan, de l'arabe, du latin ou du francique — se révèle insuffisant pour réaliser les aspirations des monarchies nationalistes. En Europe, l'Etat moderne ne peut fonctionner dans le monde du vernaculaire. Il faut au nouvel Etat national un *artificio,* bien différent du perdurable latin de la diplomatie et du périssable castillan d'Alphonse le Sage. Un tel régime exige un langage normalisé compris par tous ceux qui sont soumis à ses lois et à qui sont destinés les récits écrits sur la commande de la souveraine (autrement dit, la propagande).

Le langage inculqué et non plus la naissance décide du statut social

Pourtant, Nebrija ne propose nullement d'abandonner le latin. Au contraire, la renaissance néo-latine en Espagne doit largement son existence à sa grammaire, son dictionnaire et ses manuels. Mais son importante innovation fut de jeter les bases d'un idéal linguistique sans précédent : la création d'une société dans laquelle bureaucrates, soldats, marchands et paysans de l'universel monarque prétendent tous parler une seule langue, langue dont on présume que les pauvres la comprennent et lui obéissent. Nebrija a fondé la notion d'un genre de langue usuelle en elle-même suffisante pour mettre chaque homme à la place qui lui revient dans la pyramide que construit nécessairement une langue maternelle. Dans son argumentation, il insiste sur le fait que la renommée historique à laquelle prétend Isabelle dépend de la création d'une langue de propagande — universelle et fixée comme le latin, mais capable de pénétrer villages et fermes pour transformer ses sujets en citoyens modernes.

Comme les temps ont changé depuis Dante ! Pour Dante, une langue qui devait être apprise, qui devait être parlée conformément à une grammaire, était inévitablement une langue morte. Un tel langage, selon lui, ne convenait qu'aux scolastiques, qu'il appelait cyniquement *inventores grammaticae facultatis*. Ce qui était, pour Dante, vaine chose morte, Nebrija recommande de s'en faire un outil. L'un s'intéresse aux échanges vivants, l'autre à la conquête universelle, dans une langue qui forgerait normativement des mots aussi incorruptibles que les pierres d'un palais :

> Je veux poser les fondations de la demeure dans laquelle votre renom se peut établir. Je veux faire pour notre langue ce que Zénon fit pour le grec et Cratès pour le latin. Je ne doute pas que de plus grands qu'eux leur ont succédé. Mais le fait que leurs élèves les aient surpassés ne rabaisse pas leur, ou, devrais-je dire, notre gloire — d'être les inventeurs d'un art nécessaire juste quand le temps était mûr pour une telle invention. Votre Majesté, jamais art n'arriva plus opportunément que la grammaire pour la langue castillane en ce temps.

L'expert est toujours pressé, mais sa croyance dans le progrès le fait parler avec humilité. L'aventurier universitaire pousse son gouverment à accepter sur-le-champ son idée, à défaut de quoi ce dernier échouera dans ses desseins impériaux. C'est le moment ou jamais !

> En vérité notre langue vient maintenant d'atteindre une hauteur dont nous devons plus redouter de choir que nous ne pouvons espérer nous élever.

L'expert défend l'intérêt des sujets

Dans l'introduction de Nebrija, la dernière période exsude l'éloquence. De toute évidence le professeur de rhétorique était fort versé dans son art. Nebrija avait expliqué son projet ; fourni à la reine des motifs logiques de l'accepter ; exposé le danger qu'il y aurait à ne pas l'écouter ; et pour finir, comme Colomb, il prie la souveraine de considérer qu'il y va de son destin royal.

A présent, votre Majesté, permettez-moi d'en venir au dernier avantage que vous tirerez de ma grammaire. A cet effet, rappelez-vous le moment où je vous ai présenté un aperçu de ce livre, plus tôt dans l'année, à Salamanque. A ce moment-là, vous m'avez demandé quelle fin pouvait servir une telle grammaire. Sur quoi l'évêque d'Avila s'est interposé pour répondre à ma place. Ce qu'il a dit, le voici : « Bientôt Votre Majesté aura placé sous son joug maints barbares qui parlent des langues étrangères. Par votre victoire, ces peuples seront mis dans une nécessité neuve ; la nécessité des lois que le vainqueur doit au vaincu, et la nécessité du langage que nous apporterons avec nous. » Ma grammaire servira à leur impartir la langue castillane, comme nous usâmes de la grammaire pour enseigner le latin à notre jeunesse.

Le projet de Nebrija scandalise Sa Majesté

Nous pouvons tenter une reconstitution de ce qui s'était passé à Salamanque « plus tôt dans l'année ». Nebrija présenta à la reine un aperçu du livre qu'il voulait publier. La reine loua l'humaniste d'avoir préparé pour la langue castillane ce qui avait jusque-là été réservé aux langues de l'Ecriture : hébreu, grec et latin. (Il est étonnant et significatif que le *converso,* en cette année de la reconquête de Grenade, ne mentionne pas l'arabe du Coran !) Mais, tout en saisissant parfaitement ce qu'avait réussi son *letrado* — la description d'une langue vivante sous forme de règles de grammaire —, elle ne pouvait concevoir qu'une telle entreprise eût un intérêt pratique. Pour elle, la grammaire était un instrument uniquement destiné à être manié par les professeurs. Mais elle ne pensait pas que le vernaculaire pût s'enseigner. Selon sa royale vision de la linguistique, chaque sujet de ses nombreux royaumes était ainsi fait par la nature qu'il parviendrait *tout seul* à dominer parfaitement sa langue. Dans cette version de la « linguistique royale », le vernaculaire est le domaine des sujets. Il est de la nature des choses que le vernaculaire soit hors de portée de l'autorité de la royauté espagnole. La souveraine en train de forger l'Etat-nation ne saisit pas la logique inhérente à son dessein. Le premier refus d'Isabelle souligne l'originalité de la proposition de Nebrija.

Cette discussion sur l'idée qu'a Nebrija de rendre nécessaire l'apprentissage de la langue maternelle doit se situer vers mars 1492, dans le même temps où Colomb plaida son propre projet devant la reine. Isabelle éconduisit d'abord Colomb, sur l'avis de ses experts — le navigateur avait calculé la circonférence du globe de façon erronée. Mais pour ce qui est de la proposition de Nebrija, elle la rejeta à un titre différent : par respect royal de l'autonomie des langues de ses sujets. Ce respect de la Couronne pour l'autonomie juridique de chaque village, du *fuero del pueblo,* le jugement des égaux, était perçu par le peuple et la souveraine comme la liberté fondamentale des chrétiens engagés dans la reconquête de l'Espagne. Nebrija plaide contre ce préjugé traditionnel et typiquement ibérique d'Isabelle — la notion que la Couronne ne peut empiéter sur la variété des coutumes dans les royaumes — et évoque l'image d'une mission nouvelle et universelle qui serait celle d'une Couronne *moderne.*

En fin de compte, Colomb eut gain de cause parce que ses amis franciscains le dépeignirent à la reine comme un homme conduit par Dieu pour servir la mission mystique de la souveraine. Nebrija s'y prend de la même façon. Il énonce, pour commencer, que le vernaculaire doit être remplacé par un *artificio* afin de donner au pouvoir monarchique une étendue et une durée accrues ; également, afin de cultiver les arts par décision de la cour ; et aussi, afin de préserver l'ordre établi de la menace constituée par l'impression et la lecture de textes frivoles. Mais il termine sa supplique en invoquant la « grâce de Grenade » — la destinée de la reine, qui n'est pas seulement de conquérir mais aussi de civiliser le monde entier.

Colomb et Nebrija offrent tous les deux leurs services à un

nouveau genre de bâtisseur d'empire. Mais Colomb propose uniquement d'employer les toutes récentes caravelles au maximum des distances qu'elles peuvent parcourir afin d'étendre le pouvoir royal sur ce qui allait devenir la Nouvelle Espagne. Nebrija est plus fondamental : il propose l'usage de sa grammaire afin d'étendre le pouvoir de la reine dans une sphère totalement neuve — le contrôle étatique sur la forme de la subsistance quotidienne des gens. Nebrija trace effectivement les grandes lignes d'une déclaration de guerre contre la subsistance, guerre que le nouvel Etat s'organise pour mener. Il entend que l'on enseigne la langue maternelle — il invente le premier stade de l'instruction universelle.

La guerre contre la subsistance

Les historiens ont choisi la traversée de l'Atlantique par Colomb comme jalon du passage du Moyen Age aux Temps modernes, initiative commode pour les éditeurs successifs de manuels. Mais le monde de Ptolémée n'est pas devenu le monde de Mercator en un an, et le monde du vernaculaire n'est pas devenu du jour au lendemain l'âge de l'instruction. La cosmographie traditionnelle s'est modifiée à la lumière d'une expérience qui allait en s'élargissant. Colomb fut suivi par Cortès, Copernic par Kepler, Nebrija par Comenius. La transformation de la vision du monde qui a engendré notre dépendance à l'égard des biens et des services prit cinq siècles.

Essor d'une société du besoin normalisé

Le nombre de sauts que fait l'aiguille de la pendule dépend du langage des chiffres sur le cadran. Pour les Chinois, la pousse des plantes passe par cinq étapes, et pour les Arabes l'aube approche en sept échelons. Si je voulais décrire l'évolution de l'*homo economicus* de Mandeville à Marx ou à Galbraith, je considérerais les époques dans une autre perspective que si je voulais délimiter les stades du développement de l'idéologie de l'*homo educandus* de Nebrija à Comenius en passant par Radke, son maître. Et également, dans ce même paradigme, ce seraient des tournants différents qui jalonneraient le déclin du savoir acquis sans maîtres et la route vers l'instruction inévitablement faussée que dispensent nécessairement les institutions éducatives.

Il fallut une bonne décennie pour reconnaître que Colomb n'avait pas seulement trouvé une nouvelle route mais un nouvel hémisphère. Il fallut beaucoup plus longtemps pour inventer le concept de « Nouveau Monde » — ce continent dont il avait nié l'existence.

Un siècle et demi sépare deux revendications : celle de Nebrija, qui dit *devoir,* au service de la reine, apprendre à parler à tous ses sujets, et celle de Jan Amos Comenius qui dit posséder une méthode grâce à laquelle une armée d'enseignants peuvent apprendre parfaitement n'importe quoi à n'importe qui.

A l'époque de Comenius (1592-1670), autant dans l'Ancien que dans le Nouveau Monde les groupes dirigeants étaient profondément convaincus de la nécessité d'une méthode de ce genre. La chose est illustrée par un épisode de l'histoire de l'université Harvard. Exactement un siècle et demi après la parution de la grammaire de Nebrija, John Winthrop Jr voguait vers l'Europe où il espérait trouver un théologien et pédagogue qui accepterait la présidence de Harvard. L'un des premiers à qui il la proposa était le Tchèque Comenius, chef et dernier évêque de la secte des Frères moraves. Winthrop le trouva à Londres, où il organisait la Royal Society et conseillait le gouvernement à propos des écoles publiques. Dans *Magna Didactica, vel Ars omnibus omnia omnino docendi,* Comenius avait brièvement défini les buts de sa profession. L'éducation commence dans le sein de la mère, et ne prend fin qu'avec la mort. Tout ce qui vaut d'être su vaut d'être enseigné par une méthode spécifiquement adaptée au sujet. Le monde de prédilection, c'est celui qui est organisé de telle sorte qu'il fonctionne comme une école pour tous. Les individus ne peuvent accéder à la plénitude de leur humanité que si le savoir résulte de l'enseignement. Ceux qui apprennent sans qu'on leur enseigne se rapprochent plus de l'animal que de l'homme. Et il faut organiser le système scolaire de telle sorte que tous, vieux ou jeunes, riches ou pauvres, nobles ou manants, hommes ou femmes, apprennent réellement, et non de façon symbolique ou ostentatoire.

Voilà les idées qu'avait formulées et publiées le président potentiel de Harvard. Mais il ne devait jamais traverser l'Atlantique. Lorsque Winthrop vint le trouver, il avait déjà accepté l'invitation du gouvernement de la Suède d'aller organiser là-bas un système scolaire national pour la reine Christine. Contrairement à Nebrija, il n'eut jamais à faire valoir la nécessité de ses services — ils furent toujours très sollicités. Le domaine du vernaculaire, considéré comme intouchable par Isabelle, était devenu un terrain de chasse pour les *letrados* espagnols en quête d'un poste, les jésuites et les pasteurs du Massachusetts. La langue maternelle inculquée selon des règles abstraites par des professionnels en arrivait à supplanter partiellement le vernaculaire. Ce remplacement progressif du vernaculaire par sa coûteuse contrefaçon prélude à l'avènement de la société du produit normalisé dans laquelle nous vivons aujourd'hui.

3

La répression du domaine vernaculaire

Le déclin des valeurs vernaculaires

Le terme « vernaculaire » vient d'une racine indo-germanique impliquant l'idée d' « enracinement », de « gîte ». En latin, *vernaculum* désignait tout ce qui était élevé, tissé, cultivé, confectionné à la maison, par opposition à ce que l'on se procurait par l'échange. L'enfant de votre esclave et celui de votre épouse, le petit de votre ânesse, étaient des êtres vernaculaires, au même titre que ce que fournissaient vos champs et vos communs. Si ce fait avait retenu l'attention de Karl Polanyi, il aurait pu employer le terme au sens admis par les Romains de l'Antiquité : subsistances issues de structures de réciprocité inscrites dans chaque aspect de l'existence, distinctes des subsistances provenant de l'échange monétaire ou de la distribution verticale.

Le terme « vernaculaire » fut employé dans ce sens général de l'époque préclassique jusqu'aux formulations techniques du code théodosien. C'est Varron qui recourut à ce terme pour introduire la même distinction à propos de la langue. Pour lui, le *parler vernaculaire* est fait de mots et de tournures cultivés dans le domaine propre de celui qui s'exprime par opposition à ce qui est cultivé ailleurs et apporté. Et comme l'autorité de Varron était très largement reconnue, sa définition fut conservée. Varron, bibliothécaire de César et aussi d'Auguste, fut le premier Romain à tenter une étude critique exhaustive de la langue latine. Sa *Lingua latina* fut pendant des siècles l'ouvrage de référence fondamental. Quintilien admirait en lui le plus savant de tous les Romains. Et Quintilien, le rhéteur né en Espagne qui formait les futurs sénateurs romains, est toujours présenté aux futurs enseignants comme l'un des fondateurs de leur profession. Mais pas plus Varron que Quintilien ne peuvent se comparer à Nebrija. Tous deux s'attachaient à parfaire le parler des sénateurs et des scribes, le parler du forum ; Nebrija, pour sa part, se préoccupait de la langue de l'homme ordinaire qui pouvait lire et écouter des lectures. Et Nebrija se proposait tout simplement de substituer une langue maternelle au vernaculaire.

Le terme « vernaculaire » est entré dans l'anglais et le français au sens restreint auquel Varron le limitait. Mais j'aimerais à présent le ranimer. Il nous faut un mot simple, direct, pour désigner les activités des gens lorsqu'ils ne sont pas motivés par des idées d'échange, un mot qualifiant les actions autonomes, hors marché, au moyen desquelles les gens satisfont leurs besoins quotidiens — actions échappant, par leur nature même, au contrôle bureaucratique, satisfaisant des besoins auxquels, par ce processus même, elles donnent leur forme spécifique. *Vernaculaire* me paraît un bon vieux mot adéquat à cet objet, et susceptible d'être admis par beaucoup de contemporains. Il y a des mots techniques qui désignent la satisfaction des besoins que les économistes n'ont pas l'habitude ou la capacité de mesurer — production sociale par opposition à production économique, création de valeurs d'usage par opposition à production de marchandises, économie domestique par opposition à économie de marché. Mais ce sont là des termes spécialisés, teintés de préjugés idéologiques, des termes inadéquats, chacun à sa façon. Egalement, chaque couple de termes opposés fait la même confusion en assimilant les entreprises vernaculaires aux activités non rétribuées qui sont officialisées et standardisées. C'est ce genre de confusion que je veux dissiper. Il nous faut un adjectif simple pour qualifier ces actes de compétence, d'appétence ou de sollicitude que nous voulons protéger des évaluations chiffrées ou des manipulations de l'Ecole de Chicago et des commissaires socialistes. Ce terme doit être assez large pour désigner de façon adéquate la préparation des repas et la formation du langage, l'enfantement et le divertissement, sans évoquer pour autant une activité privée parente des travaux ménagers de la femme moderne, un hobby ou une démarche primitive et irrationnelle. Nous ne disposons pas d'un tel adjectif. Mais « vernaculaire » peut convenir. En parlant de la langue vernaculaire et de la possibilité de sa récupération, j'essaie de faire prendre conscience et discuter de l'existence d'une façon d'exister, d'agir, de fabriquer qui, dans une société future désirable, pourrait de nouveau s'étendre à tous les aspects de la vie.

La *langue maternelle,* dès l'emploi initial de ce terme, n'a jamais signifié le vernaculaire mais son contraire. Ce furent des moines catholiques qui, les premiers, l'employèrent pour désigner une langue particulière dont ils se servaient, au lieu du latin, lorsqu'ils parlaient en chaire. Jusque-là, le mot n'existait dans aucune culture indo-germanique. Il entra dans le sanscrit au XVIIIe siècle comme traduction de l'anglais. Pour autant que j'aie pu m'en assurer, il n'a pas de racines dans les autres grandes familles de langues actuellement parlées. Parmi les peuples classiques, les seuls à considérer leur patrie comme une sorte de mère furent les Crétois. Selon Bachofen, il subsistait dans leur culture des réminiscences d'un antique ordre matriarcal. Mais même en Crète, l'équivalent d'une langue « maternelle » n'existait pas. Pour retrouver l'origine de l'association qui a conduit au terme *langue maternelle,* il me faut considérer ce qui se produisit à la cour de Charlemagne, puis ce qui se produisit par la suite dans l'abbaye lorraine de Gorze.

Le premier besoin universel d'un service professionnel

L'idée que les humains ont, de naissance, besoin du service institutionnel d'agents professionnels afin de parvenir à cette humanité qui est le lot de tout homme remonte à l'époque carolingienne. C'est en ce temps que l'on découvrit que certains besoins fondamentaux, besoins universels dans le genre humain et réclamant d'être uniformément satisfaits, ne pouvaient l'être de façon vernaculaire. Cette découverte est liée à la réforme de l'Eglise qui survint au VIIIe siècle. Le moine écossais Alcuin, qui devint le philosophe de la cour de Charlemagne après avoir été chancelier de l'université d'York, joua un rôle prépondérant dans cette réforme. Jusque-là, l'Eglise considérait au premier chef ses ministres comme des prêtres, c'est-à-dire des hommes choisis et investis de pouvoirs particuliers pour répondre aux besoins communautaires et liturgiques de la population. Ils prêchaient lors des fêtes rituelles et présidaient les solennités. Ils exerçaient une fonction publique, à l'instar de ceux à qui l'Etat confiait l'administration de la justice ou, à l'époque romaine, des édiles. Voir en ces sortes de magistrats des « professionnels des services » serait une projection anachronique de nos catégories contemporaines.

Mais, à partir du VIIIe siècle, le prêtre classique issu des modèles romains et hellénistiques commence à se métamorphoser en précurseur du professionnel des services : l'enseignant, le travailleur social, l'éducateur. Les ecclésiastiques se mettent à pourvoir aux besoins personnels de leurs paroissiens, en se dotant d'une théologie sacramentelle et pastorale qui fonde et définit ces besoins comme relevant régulièrement de leur ministère. Cette prise en charge institutionnellement définie de l'individu, de la famille, de la communauté villageoise acquiert une primauté sans précédent. La formule « Sainte Mère l'Eglise » cesse presque totalement de signifier l'assemblée matérielle des fidèles dont l'amour, mû par le Saint-Esprit, engendre une renaissance dans l'acte même de s'assembler. Le terme « mère » désigne désormais une réalité mystique invisible ne procurant plus que les services absolument nécessaires au salut. Et l'accès aux bonnes grâces de cette mère dont dépend le salut universellement nécessaire est entièrement contrôlé par une hiérarchie d'hommes ordonnés. Cette mythologie sexuée de hiérarchies mâles ménageant l'accès à la source institutionnelle de la vie est sans précédent. Du IXe au XIe siècle se forma l'idée que certains besoins, communs à tous les humains, ne peuvent être satisfaits que par l'entremise d'agents professionnels. Ainsi la définition des besoins en termes d'apports extérieurs professionnellement définis dans le secteur des services précède d'un millénaire la production industrielle de produits de base universellement indispensables.

Il y a trente-cinq ans, Lewis Mumford tenta de faire ressortir ce fait. Selon lui, la réforme monastique du ixe siècle avait créé certains des postulats sur lesquels se fonde le système industriel, mais je ne pouvais adhérer alors à ce qui me semblait plus une intuition qu'une preuve. Cependant, j'ai depuis lors trouvé une foule d'arguments convergents — que Mumford ne semblait pas soupçonner — témoignant que les idéologies de l'ère industrielle plongent leurs racines dans la prime renaissance carolingienne. L'idée qu'il n'y a pas de salut sans *services individuels* fournis par des professionnels au nom d'une Mère Eglise institutionnelle est une de ces phases, restées jusqu'ici inaperçues, sans lesquelles notre époque serait impensable. Certes, il fallut cinq siècles de théologie médiévale pour parfaire ce concept. Ce n'est qu'à la fin du Moyen Age que l'Eglise aura pleinement créé son image *pastorale*. Et ce n'est qu'au concile de Trente (1545) que cette image de mère dont les hiérarchies cléricales tirent le lait sera officiellement définie comme image de l'Eglise. Et, dans la Constitution de la session conciliaire dite « Vatican II » (1964), l'Eglise catholique, qui, dans le passé, avait constitué, pour l'évolution des organismes de services séculiers, le modèle par excellence, s'aligne explicitement sur l'image de ses imitations séculières.

Le contrôle des professionnels sur la nature des services répondant à des « besoins »

Le point important ici, c'est la notion que le clergé peut définir ses services en tant que nécessités de la nature humaine, et faire de ce genre de services que lui seul peut fournir un nécessaire auquel on ne peut renoncer sans compromettre sa vie éternelle. C'est dans cette capacité d'une élite non héréditaire que nous devons voir le fondement sans lequel l'Etat contemporain des services ou de l'assistance ne serait pas concevable. Il est curieux qu'on ait aussi peu étudié les concepts religieux qui distinguent fondamentalement l'âge industriel de toutes les autres époques. Le déclin de la conception vernaculaire de la vie chrétienne au bénéfice d'une structuration autour d'une prise en charge pastorale est un processus complexe et prolongé constituant le terrain d'un ensemble de mutations parallèles dans le langage et le développement des institutions de l'Occident.

L'origine de la « langue maternelle »

Au début de la formation de l'Europe, en tant que notion et que réalité politique, entre l'époque mérovingienne et le haut Moyen Age, ce que parlaient les gens n'était pas matière à discussion. On l'appelait « roman » en Gaule et « *theodisc* » (populaire) outre-Rhin. C'est seulement par la suite que la *lingua vulgaris* devint le commun dénominateur, distinguant le parler populaire du latin administratif ou doctrinal. Depuis l'époque romaine, la première langue de l'individu était le *patrius sermo,* la langue du chef de la maisonnée. Chaque *sermo* ou parler était considéré comme une langue en soi. Pas plus dans la Grèce antique qu'au Moyen Age ne faisait-on la distinction pratiquée à l'époque moderne entre dialectes mutuellement compréhensibles et langues différentes. Il en va encore de même, de nos jours, chez les populations de l'Inde. Des communautés monolingues telles que nous en connaissons aujourd'hui continuent, comme par le passé, à être des exceptions. Des Balkans aux frontières occidentales de l'Indochine, il est toujours rare de rencontrer un village dans lequel on ne peut être compris en plus de deux ou trois langues. On tient pour un fait acquis que chaque individu a son *patrius sermo,* mais également que la majorité des individus parlent plusieurs langues « vulgaires », possédées de façon vernaculaire, non enseignées. Ainsi le vernaculaire, par opposition au langage savant, spécialisé — le latin pour l'Eglise, le francique pour la cour —, était aussi évident dans sa variété que le goût des vins et des plats locaux, les formes des maisons et des outils agricoles, jusqu'au XIe siècle. C'est à ce moment, assez subitement, qu'apparaît le terme *langue maternelle*. Il figure dans certains sermons de moines de l'abbaye de Gorze. Ce processus de transformation du parler vernaculaire en une matière à discussion morale ne peut qu'être effleuré ici.

Gorze était une abbaye mère de Lorraine, non loin de Verdun. Le monastère avait été fondé par les bénédictins au VIIIe siècle, autour d'ossements censés être ceux de saint Gorgon. Au cours du IXe siècle, période de détérioration de la discipline ecclésiastique, Gorze connut, elle aussi, un déclin marqué. Mais, trois générations seulement après ces scandaleux dérèglements, Gorze devint le centre de la réforme monastique dans les régions germaniques de l'Empire. Sa réactivation de la vie cistercienne égala la réforme clunisienne. En un siècle, cent soixante abbayes filles furent fondées par Gorze dans tout le nord-est de l'Europe centrale.

Il semble assuré que Gorze se trouvait alors au centre de la diffusion d'une technologie neuve qui devait se révéler capitale pour l'expansion impériale ultérieure des puissances européennes : la transformation du cheval en animal de trait par excellence. Quatre inventions asiatiques — le fer à cheval, la selle sanglée et l'étrier, le mors et le collier (qui fait porter le poids de la traction sur les épaules) — permirent d'importants et vastes changements. Un cheval pouvait remplacer six bœufs. Tout en fournissant la même puissance de traction, et une cadence plus rapide, le cheval se suffisait, pour sa nourriture, de la même étendue de pré qu'une paire de bœufs. En raison de sa rapidité, le cheval permettait la culture de plus vastes étendues dans les terres humides du Nord, malgré la brièveté des étés. Egalement, une plus grande rotation des cultures devenait possible. Mais, plus important encore, le paysan pouvait désormais cultiver des champs deux fois plus éloignés de sa demeure. Il en découlait une nouvelle organisation de la vie. Précédemment, les gens vivaient en hameaux ; désormais, ils pouvaient former des villages assez grands pour entretenir une église et, par la suite, une école. Par le canal de dizaines d'abbayes, le savoir et la discipline monastiques, conjointement avec la restructuration des implantations humaines, se répandirent dans toute cette partie de l'Europe.

Gorze était située près de la ligne de partage des types de vernaculaire francique et roman — et voici que des moines de Cluny se mirent à traverser cette ligne. Devant cet empiétement, les moines de Gorze firent de la langue, de la langue vernaculaire, un moyen de défense de leur zone d'influence. Ils se mirent à prêcher en francique, en évoquant spécifiquement la valeur de cette langue. Ils firent de la chaire un forum pour souligner l'importance de la langue elle-même, peut-être même pour l'enseigner. Selon le peu que nous en savons, ils invoquaient au moins deux arguments. Le premier, c'était que le francique était la langue parlée par les femmes, même dans les régions où les hommes commençaient déjà à employer le vernaculaire roman. Le second, que c'était le langage désormais employé par la Mère Eglise.

On peut saisir à quel point la religiosité du XIIᵉ siècle investissait la maternité de significations sacrées en contemplant les statues de la Vierge de cette époque, ou en lisant les séquences liturgiques, qui sont la poésie du temps. Le terme de langue maternelle, dès son prime emploi, fait du langage un instrument au service d'une cause institutionnelle. Le mot fut traduit du latin en francique. Puis, en tant que terme latin rare, il incuba pendant plusieurs siècles. Et, dans les décennies précédant Luther, de façon soudaine et dramatique, le terme « langue maternelle » acquit un sens fort. Il en vint à signifier la langue créée par Luther afin de traduire la Bible hébraïque, la langue enseignée par les maîtres d'école afin de lire ce livre, et enfin la langue qui justifiait l'existence des Etats-nations.

L'âge des besoins définis par la marchandise

La « langue maternelle » signifie aujourd'hui au moins deux choses : la première langue apprise par l'enfant, et la langue dont l'Etat a décidé qu'elle devait être la première langue du citoyen. Ainsi, la « langue maternelle » peut signifier le premier langage assimilé fortuitement, parler généralement fort différent de celui qu'enseignent les éducateurs et les parents estimant devoir agir en éducateurs. Nous voyons donc que les gens sont considérés comme des créatures ayant besoin qu'on leur apprenne à parler correctement afin de « communiquer » dans le monde moderne — de même qu'ils ont besoin d'être véhiculés dans des voitures motorisées afin de se déplacer dans les paysages modernes, leurs jambes ne convenant plus à la chose. La dépendance à l'égard de la langue maternelle enseignée peut être prise comme le paradigme de toutes les autres dépendances typiques des humains dans cet âge des besoins définis par la marchandise. Et l'idéologie de cette dépendance fut formulée par Nebrija. L'idéologie selon laquelle la mobilité des hommes ne dépend pas de leurs jambes et de l'ouverture des frontières mais de la fourniture de « transports » n'a guère plus d'un siècle. Il y a bien longtemps que l'enseignement du langage a créé des emplois ; le macadam et la suspension des caisses de voiture n'ont fait une vaste entreprise du transport des voyageurs que vers le milieu du XVIIIᵉ siècle.

Le coût de la langue maternelle enseignée

Devenu un emploi, l'enseignement de la langue maternelle coûte très cher. Les paroles sont aujourd'hui l'une des deux plus grandes catégories de valeurs marchandes qui entrent dans le produit national brut (PNB). C'est l'argent qui décide de ce qui sera dit, de qui le dira, du moment où cela sera dit et du genre de personnes à qui s'adresseront les messages. Plus est onéreux chaque mot prononcé, et plus on en attend un écho vigoureux. Dans les écoles, on apprend à parler comme il convient. On dépense de l'argent pour faire parler les pauvres à la manière des riches, les malades à celle des bien portants, la minorité à celle de la majorité. Nous payons pour améliorer, corriger, enrichir, mettre au goût du jour le langage des enfants et de leurs professeurs. Nous consacrons encore plus d'argent à l'enseignement universitaire des jargons professionnels ; et encore plus pour donner aux lycéens une teinture de ces jargons ; mais juste une teinture, afin qu'ils se sentent tributaires du psychologue, du pharmacien ou du bibliothécaire, qui possèdent chacun couramment un genre spécial de langue. Et nous allons encore plus loin : nous laissons le langage normalisé dégrader l'expression ethnique, populaire ou provinciale, et ensuite nous dépensons de l'argent pour en enseigner des contrefaçons sous le couvert de sujet d'études universitaires.

J'ignore les sommes exactes dépensées aux Etats-Unis pour fabriquer des paroles. Mais je gagerais qu'avant peu quelqu'un en fournira des statistiques. Il y a dix ans, la quantification énergétique était presque impensable. Elle est à présent pratique courante. Il est aujourd'hui facile de s'informer du nombre d' « unités énergétiques » entrées dans la culture, la moisson, le conditionnement, l'acheminement et la mise en vente d'une calorie de pain. La différence entre le pain fait et mangé dans un village de Grèce et celui que les Américains achètent au supermarché est énorme : dans le dernier, chaque calorie a coûté environ quarante fois plus d'unités énergétiques. Dans les villes, les déplacements à bicyclette permettent d'aller quatre fois plus vite qu'à pied avec une dépense d'énergie qui est le quart de celle de la marche, alors que pour le même parcours les automobiles consomment cent cinquante fois plus de calories au kilomètre-passager. Ce genre d'information existait déjà il y a dix ans, mais nul ne s'en préoccupait. Aujourd'hui il est pris en compte, et conduira bientôt à un changement public d'optique à l'égard de la nécessité des carburants. Il serait intéressant de savoir à quoi ressemble une quantification du langage, car l'analyse linguistique de la langue contemporaine est incomplète tant que l'on ignore, pour chaque groupe de locuteurs, le montant de l'argent dépensé pour former le parler du citoyen moyen. De même que les quantifications énergétiques sociales ne sont qu'approximatives, mais nous permettent de reconnaître les ordres de grandeur et de calculer des valeurs relatives, la quantification de la langue nous renseignerait seulement sur la prédominance relative du langage normalisé enseigné dans une population — mais cela suffirait à mon propos.

Destruction de classe du parler vernaculaire

Cependant nous ne serions pas encore assez renseignés en sachant simplement la dépense *per capita* qu'entraîne l'uniformisation de la langue pour chaque groupe. Nous apprendrions certainement que toute parole payée adressée aux riches coûte, *per capita,* beaucoup plus cher que les paroles adressées aux pauvres. Le fait est que les watts sont plus démocratiques que les mots. Mais le langage enseigné se présente dans une vaste gamme de modalités. C'est ainsi, par exemple, que les oreilles des pauvres sont beaucoup plus agressées que celles des riches, lesquels ont les moyens de se payer des études et surtout, ce qui est beaucoup plus précieux, de se renfermer dans leur vernaculaire supérieur en achetant le silence. Aujourd'hui, l'éducateur, le politicien, l'amuseur viennent avec un haut parleur à Oaxaca, à Travancore, ou dans la commune chinoise, et aussitôt les pauvres se voient dénier ce luxe indispensable qu'est le silence dans lequel éclôt la langue vernaculaire.

La « production » de la langue maternelle

Pourtant, même sans posséder une évaluation chiffrée du silence, même en l'absence de données économiques du langage auxquelles me référer, il est une estimation que je puis faire : les sommes dépensées pour faire fonctionner tous les moteurs d'une nation ne sont rien à côté des sommes affectées à la prostitution de la parole dans la bouche de ceux qui sont payés pour parler. Dans les nations riches, le langage est devenu incroyablement tentaculaire en ce qu'il absorbe d'énormes investissements. Ce fut toujours une marque de haute civilisation que de cultiver à grands frais la langue du mandarin, de l'auteur, de l'acteur, du magicien. Mais il s'agissait là d'enseigner des codes particuliers à une élite. Et même le coût de l'enseignement des langues secrètes à quelques-uns, dans les sociétés traditionnelles, est incomparablement plus faible que la capitalisation du langage dans les sociétés industrielles.

De nos jours, dans les pays pauvres, les gens continuent à parler entre eux sans posséder de langue capitalisée, bien que ces pays possèdent tous une élite réduite qui s'arrange fort bien pour consacrer une forte proportion du revenu national à sa langue de prestige. Et je pose cette question : quelle différence y a-t-il entre le langage quotidien de groupes dont la langue a reçu — ou devrais-je dire : absorbé ? résisté ? survécu ? profité ? subi ? — d'énormes investissements, et le parler de ceux dont la langue est demeurée hors marché ? En comparant ces deux univers linguistiques, je centrerai ma curiosité sur une seule question qui naît dans ce contexte : est-ce que la structure et la fonction de la langue changent avec le volume des investissements ? Ces modifications sont-elles telles que toutes les langues qui absorbent des fonds montrent des changements dans la même direction ? Dans cette exploration préliminaire du sujet, je ne suis pas en mesure de démontrer qu'il en va ainsi. Mais je crois que mon argumentation rend les deux propositions hautement probables, et montre la validité d'une exploration structurelle de l'économie du langage.

Le langage quotidien enseigné est sans précédent dans les cultures préindustrielles. La dépendance actuelle à l'égard de professeurs rétribués et de modèles pour l'acquisition du parler ordinaire est une caractéristique unique de l'économie industrielle au même titre que la dépendance à l'égard des combustibles fossiles. Si la nécessité d'enseigner la langue maternelle fut découverte voici quatre siècles, ce n'est que dans notre génération que la langue et l'énergie ont toutes deux été traitées effectivement comme deux besoins universels devant être satisfaits chez tous les individus au moyen d'une production et d'une distribution planifiées et programmées. On peut à bon droit dire que, contrairement au vernaculaire, le langage capitalisé résulte de la *production*.

Le savoir vernaculaire en tant qu'activité de subsistance

Les cultures traditionnelles devaient leur subsistance au soleil, principalement capté par l'agriculture. La houe, la douve, le joug étaient les instruments primordiaux de la domestication du soleil. Les grandes voiles ou les norias étaient connues, mais rares. Les cultures qui vivaient du soleil subsistaient fondamentalement sur des valeurs vernaculaires. Dans ces sociétés, les outils constituaient essentiellement un prolongement des bras, des doigts, des jambes. Le besoin d'une production d'énergie dans des usines centralisées et de son acheminement vers des clients lointains n'existait pas. Egalement, dans ces cultures essentiellement vitalisées par le soleil, le besoin d'une production de la langue n'existait pas. Chacun puisait sa langue dans son environnement culturel, l'apprenait par sa fréquentation des autres gens qu'il pouvait toucher et sentir, aimer ou haïr. L'acquisition du vernaculaire se faisait comme le partage des choses et des services, c'est-à-dire par de multiples formes de réciprocité, et non par l'entremise d'un professeur ou d'un professionnel ayant cette charge. De même que le combustible ne faisait pas l'objet d'une fourniture, le vernaculaire ne faisait pas l'objet d'un enseignement. Des langues enseignées, il en existait, mais elles étaient rares, aussi rares que les voiles ou les moulins. Nous savons que dans la majorité des cultures le parler résultait de la conversation de la vie quotidienne, de l'écoute des disputes et des berceuses, des commérages, des contes, des rêves. Encore aujourd'hui, dans les pays pauvres la majorité des populations acquièrent le maniement de leur langue sans professeurs rémunérés, sans qu'on leur enseigne le parler de quelque façon que ce soit. Et elles apprennent à parler d'une façon qui est sans point commun avec cet insipide marmonnement contraint et suffisant qui me choque toujours lorsque je me rends dans une université américaine après un long séjour en Amérique du Sud ou en Asie du Sud-Est. Je suis navré devant ces étudiants qui n'ont plus d'oreille à cause de leur éducation ; ils ont perdu la faculté de percevoir la différence entre l'expression momifiée de la langue standard de la télévision et le parler vivant de ceux qui s'expriment sans qu'on le leur ait enseigné. Pourquoi attendrais-je d'ailleurs autre chose de gens qui n'ont pas été allaités au sein mais au biberon — de lait condensé, s'ils sont nés dans des familles pauvres, et d'un breuvage préparé sous l'œil vigilant de Ralph Nader s'ils sont issus d'un milieu éclairé ? Pour ceux qui ont été formés à choisir entre divers laits conditionnés, celui de la mère n'est qu'une option parmi d'autres. Et de la même façon, pour ceux à qui l'on a *appris* à écouter et à parler, le vernaculaire acquis sans maître n'est qu'un modèle parmi beaucoup d'autres, encore qu'à un moindre stade de développement.

La langue maternelle en tant que marchandise

Mais c'est là une conception fausse. Par rapport à la langue délibérément enseignée, le langage échappant à un enseignement raisonné constitue un phénomène social d'un genre différent. Là où la langue acquise sans maître est la marque prédominante d'un monde partagé, le groupe sent qu'il possède une maîtrise qu'aucun langage procuré ne peut donner. Il le sent notamment dans sa maîtrise du langage, de son acquisition. Encore aujourd'hui, les pauvres de toutes les nations non industrielles du monde sont polyglottes. Mon ami, l'orfèvre de Tombouctou, s'exprime chez lui en songhaï, écoute sa radio où l'on parle bambara, dit pieusement et avec une compréhension passable ses cinq prières quotidiennes en arabe, fait ses affaires au souk en deux sabirs, converse en un français acceptable qu'il a acquis à l'armée — et pas une de ces langues ne lui a été enseignée selon les règles. Il n'a pas décidé de les apprendre ; chacune est un style dans lequel il se rappelle un ensemble particulier d'expériences qui s'insère dans le cadre de ce langage. Les communautés où prédomine le monolinguisme sont rares, sauf dans trois genres de sociétés : les communautés tribales qui ne sont pas sorties du dernier stade du néolithique, les communautés qui ont longtemps subi des formes exceptionnelles de discrimination, et les citoyens des Etats-nations qui bénéficient, depuis plusieurs générations, de la scolarisation obligatoire. C'est une pensée typique de la bourgeoisie que de croire que la majorité des populations sont monolingues comme elle. L'admiration pour le polyglotte vernaculaire dénote infailliblement le « parvenu ».

Si, tout au long de l'histoire, c'est la langue non enseignée qui a cours, il existe pratiquement toujours d'autres genres de langage. De même que, dans les cultures traditionnelles, les moulins à vent et les canaux captaient une certaine énergie, et ceux qui possédaient un grand bateau, ou qui s'étaient assuré une situation propice sur la rivière, pouvaient employer leur outil au transfert direct de l'énergie à leur profit, il y a toujours eu des gens pour employer un langage enseigné afin de s'assurer un privilège. Mais ce genre de codes supplémentaires demeuraient soit rares, soit particuliers, et ne servaient que des fins limitées. La langue ordinaire, jusqu'à Nebrija, ce fut le vernaculaire, et lui seul. Et ce vernaculaire, qu'il s'agisse du parler quotidien, d'un idiome véhiculaire, de la langue de la prière, du jargon de métier, du langage de la comptabilité, de la vénerie, était appris subsidiairement, dans le courant d'une vie quotidienne chargée de sens. Bien entendu, le latin ou le sanscrit étaient classiquement enseignés au prêtre, et des langues de cour telles que le francique, le persan ou le turc étaient enseignées au futur scribe. Les néophytes étaient initiés à la langue de l'astronomie, de l'alchimie, ou, plus tardivement, de la franc-maçonnerie. Et la connaissance de langues ainsi officiellement enseignées élevait manifestement un homme au-dessus des autres, un peu comme la selle élève l'homme libre au-dessus du serf fantassin, ou le pont élève le commandant au-dessus de l'équipage. Mais, même lorsque l'accès à une langue élitaire était ouvert par l'initiation officielle, cela ne signifiait pas nécessairement que la langue était enseignée. Très fréquemment le processus de l'initiation officielle ne donnait pas à l'initié une compétence linguistique neuve, mais simplement l'exemptait dorénavant d'un tabou interdisant aux autres d'employer certains mots, ou de prendre la parole dans certaines occasions. L'initiation des hommes au langage de la chasse ou de la sexualité est probablement l'exemple le plus répandu d'une telle détabouisation rituellement sélective du langage.

Mais, dans les sociétés traditionnelles, le langage enseigné, qu'il le fût à grande ou petite échelle, n'avait que fort peu d'incidence sur le vernaculaire. Qu'il ait de tout temps existé un certain enseignement linguistique, et que les prédicateurs et les comédiens aient répandu certaines façons de s'exprimer n'affaiblit en rien ce que je veux faire valoir : en dehors de ces sociétés que nous appelons à présent européennes modernes, on n'a jamais tenté d'imposer à toute une population un langage quotidien qui serait soumis au contrôle de professeurs rétribués ou d'annonceurs. Jusqu'à une date récente, nulle part le langage usuel n'était un produit intentionnellement conçu ; nulle part il n'était payé et fourni comme une marchandise. Et si les historiens qui traitent des origines des Etats-nations relèvent toujours qu'une langue nationale y est imposée, les économistes méconnaissent généralement le fait que cette langue maternelle enseignée est la plus ancienne des marchandises spécifiquement modernes, le modèle de tous les « besoins fondamentaux » à venir.

Contrefaçon du vernaculaire

Avant de mettre en opposition le parler usuel enseigné et le parler vernaculaire, le langage onéreux et le langage que l'on acquiert gratuitement, il me faut clarifier encore une distinction. Entre la langue maternelle enseignée et le vernaculaire, je trace une démarcation autre que celle des linguistes lorsqu'ils distinguent le langage supérieur d'une élite du dialecte parlé dans les classes inférieures, autre que la frontière qui sépare les langues régionales et suprarégionales, autre que la division entre « code restreint » et « code normé », autre que la ligne entre le langage du lettré et de l'illettré. Aussi restreint qu'il puisse être par des limites géographiques, aussi distinctif soit-il d'un niveau social, aussi particulier soit-il à un sexe ou à une caste, le langage peut être soit vernaculaire (au sens où j'emploie ici ce terme), soit enseigné. La langue élitaire, le sabir, la seconde langue, l'idiome local ne sont pas nouveaux. Mais chacun peut être normativement enseigné, et la contrefaçon enseignée du vernaculaire se présente comme une marchandise et est quelque chose d'entièrement neuf.

Là où le contraste entre ces deux formes complémentaires est le plus marqué et le plus important, c'est dans le langage usuel enseigné, c'est-à-dire le langage quotidien enseigné sous une forme normative. Mais ici encore, il faut éviter une confusion. Ce n'est pas parce qu'une langue prime qu'elle est forcément régie par une grammaire ou enseignée. Dans toute l'histoire, un dialecte mutuellement compréhensible a tendu à prédominer dans une région donnée. Ce genre de dialecte principal était souvent admis comme la forme faisant autorité. De fait, il était plus souvent écrit que les autres dialectes, mais il ne s'ensuivait pas pour autant qu'il fût enseigné. Sa diffusion s'opérait d'ailleurs par un processus beaucoup plus subtil et complexe. Ainsi, par exemple, l'anglais des Midlands a-t-il émergé lentement en tant que second style commun grâce auquel ceux qui possédaient n'importe quel dialecte anglais pouvaient également parler une même langue. De façon assez soudaine, la langue des hordes mogholes (l'ourdou) prit forme en Inde septentrionale. En deux générations, elle devint la langue de l'Hindoustan, le langage véhiculaire dans une vaste région, et l'instrument d'une exquise poésie écrite en caractères arabes ou sanscrits. Non seulement cette langue ne fut nullement enseignée pendant des générations, mais les poètes qui voulaient perfectionner leur art s'abstenaient ouvertement d'étudier l'hindi-ourdou ; ils exploraient les sources persanes, arabes ou sanscrites qui avaient originelle-ment contribué à sa formation. En Indonésie, en une demi-génération de résistance aux Japonais et aux Néerlandais, les slogans et affiches appelant à l'union et au combat, les radios clandestines du combat de libération propagèrent le malais dans tous les villages de façon beaucoup plus efficace que le programme ultérieur des agences du gouvernement mises en place après l'indépendance.

L'innovation technique et le vernaculaire

Il est indéniable que l'écriture a toujours affermi la position prédominante du langage élitaire ou uniformisé. L'imprimerie a énormément renforcé le pouvoir colonisateur du langage élitaire. Mais dire qu'à cause de l'invention de l'imprimerie le langage élitaire est destiné à supplanter la variété vernaculaire procède d'un singulier manque d'imagination — comme si l'on disait qu'après la bombe atomique seules les super-puissances seront souveraines. Le monopole historique que se sont arrogé les bureaucraties pédagogiques sur l'imprimerie ne prouve pas pour autant que les techniques de l'impression ne pourraient être employées pour donner une vitalité neuve à l'expression écrite et des possibilités littéraires neuves à des milliers de formes vernaculaires. C'était justement le fait que l'imprimerie pouvait augmenter la portée et le pouvoir des lectures vernaculaires déréglées qui inquiétait le plus Nebrija et justifiait son argumentation *contre* le vernaculaire. Que l'imprimerie ait primordialement servi depuis le début du XVIe siècle (mais non pendant les quarante premières années de son existence) à imposer des formes d'expression usuelles uniformisées ne signifie pas que la langue imprimée doive toujours revêtir une forme enseignée. Le statut commercial de la langue maternelle enseignée, qu'on l'appelle langue nationale, expression littéraire ou langage de la télévision, repose largement sur des axiomes admis sans examen, dont j'ai déjà cité quelques-uns : que l'imprimerie implique une formulation normalisée ; que les livres écrits dans la langue qui prime ne peuvent être lus facilement par ceux qui n'ont pas reçu l'enseignement de cette langue ; que la lecture est, par sa nature, une activité muette qui devrait habituellement être conduite de façon privée ; que de faire s'exercer la capacité universelle de lire quelques phrases et de les copier par écrit augmente l'accès d'une population au contenu des bibliothèques. Voilà, parmi d'autres, le genre d'arguments illusoires qui concourent à renforcer la position des enseignants, la vente des rotatives, le classement des gens sur une échelle des valeurs en fonction de leur code linguistique, et, jusqu'à présent, l'augmentation du PNB.

Le monopole radical sur la langue maternelle enseignée

Le vernaculaire se propage par son emploi pratique ; on l'apprend de gens qui pensent ce qu'ils disent et disent ce qu'ils pensent à leur interlocuteur dans le contexte de la vie quotidienne. Il n'en va pas ainsi du langage enseigné. Dans ce dernier cas, celui auprès de qui j'apprends n'est pas quelqu'un qui m'importe ou que je n'aime pas, mais un orateur professionnel. Dans le langage usuel enseigné, le modèle est quelqu'un qui n'exprime pas sa pensée, mais qui récite ce que d'autres ont mis au point. Dans ce sens, un camelot faisant son boniment dans la langue rituelle n'est pas un orateur professionnel, tandis que le héraut royal ou le comique de la télévision sont des prototypes. Le langage usuel enseigné, c'est celui de l'annonceur qui suit le texte d'un rédacteur à qui un publicitaire a transmis ce qu'un conseil d'administration a décidé qu'il fallait dire. Le parler usuel enseigné, c'est l'impersonnelle et morte rhétorique de gens payés pour déclamer avec une feinte conviction des textes composés par d'autres, lesquels sont eux-mêmes payés pour *concevoir* ces textes. Ceux qui parlent un langage enseigné agissent à l'instar du présentateur des informations, du comique débitant des plaisanteries fabriquées pour lui, de l'instructeur suivant le manuel de l'enseignant pour expliquer un livre de classe, du chanteur débitant des rimes mécaniques, du président dont les discours sont écrits par ses collaborateurs. C'est un langage qui ment explicitement lorsque je l'emploie pour vous dire quelque chose de vive voix ; il est destiné au spectateur qui contemple la scène. C'est le langage de la farce, non du théâtre, le langage du cabot, non celui du véritable artiste. Le langage des médias s'adresse toujours à un type d'auditoire précis que l'annonceur veut atteindre, et atteindre vigoureusement. Alors que le vernaculaire naît en moi du commerce entre des individus qui conversent entre eux en toute intégrité, le langage enseigné est syntone avec les haut-parleurs dont la mission est de transmettre unilatéralement un flot de paroles.

Le vernaculaire et la langue maternelle enseignée sont comme les deux extrêmes du spectre du parler usuel. Le langage serait totalement inhumain s'il était totalement enseigné. C'est ce qu'entendait Humboldt lorsqu'il disait que le vrai langage est le parler que l'on nourrit, mais jamais celui qui est enseigné, comme les mathématiques par exemple. Le parler est beaucoup plus que la communication, et seules les machines peuvent communiquer sans références au fonds vernaculaire. A New York, elles encombrent en jacassant entre elles les trois quarts des lignes que le téléphone met en service par une franchise qui en garantit l'accès aux simples citoyens. Il y a là une perversion évidente d'un privilège légal résultant d'une extension politique abusive et de la dégradation des domaines vernaculaires en marchandise de deuxième catégorie. Mais, plus gênante et déprimante encore que cet accaparement d'un forum de la libre parole par des robots, est l'incidence des clichés, phrases robotisées qui maculent les lignes restantes sur lesquelles les gens sont censés « se parler ». Un pourcentage croissant de la parole ne se compose plus, dans son contenu et dans son style, que de simples formules. Ainsi, sur le spectre du langage, le parler usuel se déplace-t-il de plus en plus du vernaculaire vers la « communication » capitalistique, comme s'il n'était rien de plus que la variété humaine de l'échange qui a également cours entre les abeilles, les baleines et les ordinateurs. Certes, certains éléments ou aspects du vernaculaire survivent toujours — mais il en va ainsi même de la plupart des programmes des ordinateurs. Je ne prétends pas que le vernaculaire meurt ; seulement qu'il dépérit. Le parler usuel des Américains, des Français ou des Allemands est devenu un assemblage hétéroclite de deux sortes de langages : une langue factice uniformisée, enseignée et fournie comme une marchandise, et un vernaculaire boiteux, cahotique, haché, luttant pour survivre.

La langue maternelle enseignée s'est acquis un monopole radical sur le parler, tout comme les transports sur la mobilité ou, plus généralement, la marchandise sur les valeurs vernaculaires.

Tabous

Une résistance, parfois aussi forte qu'un tabou sacré, empêche ceux qui sont formés par l'existence dans une société industrielle de reconnaître la différence dont nous traitons ici — la différence entre le langage capitalisé et le vernaculaire, qui ne peut être affectée d'aucun coût économiquement mesurable. C'est ce même genre d'inhibition qui rend difficile pour ceux qui sont élevés au sein du système industriel de sentir la distinction fondamentale entre l'allaitement au sein et celui au biberon, entre littérature et manuel, entre un kilomètre parcouru par mes propres forces et un kilomètre-passager — j'en ai traité dans les années passées.

La plupart des gens sont probablement tout disposés à reconnaître qu'il y a une énorme différence de goût, de sens et de satisfaction entre un dîner cuisiné à la maison et le plateau-repas produit industriellement à l'intention des téléspectateurs invétérés. Mais l'examen et la compréhension de cette différence peuvent aisément être découragés, particulièrement chez ceux qui défendent l'égalité des droits, l'équité et l'aide sociale à l'égard des pauvres. Ils savent combien de mères ont les mamelles taries, combien d'enfants dans la partie sud du Bronx souffrent d'une carence en protéines, combien de Mexicains — entourés d'arbres fruitiers — sont rachitiques par avitaminose. Dès que je soulève la distinction entre valeurs vernaculaires et valeurs susceptibles de quantification économique et, par là même, de distribution, il se trouve toujours un tuteur autodésigné du prétendu prolétariat pour me dire que j'esquive la question critique en donnant de l'importance à des subtilités non économiques. La première chose n'est-elle pas de rechercher la juste distribution de ce qui répond aux besoins fondamentaux ? La pêche et la poésie s'y ajouteront ensuite tout naturellement. Ainsi en va-t-il de la lecture de Marx et de l'Evangile selon saint Matthieu interprétée par la théologie de la libération.

Voilà comment une intention louable présente un argument qu'on aurait dû reconnaître illogique au XIXe siècle, et que d'innombrables expériences ont prouvé faux au XXe. Jusqu'à présent, toute tentative de substituer une marchandise universelle à une valeur vernaculaire a débouché non sur l'égalité mais sur une modernisation hiérarchisée de la pauvreté. Dans le nouveau schéma répartiteur, les pauvres ne sont plus ceux qui survivent grâce à leurs activités vernaculaires parce qu'ils n'ont qu'un accès marginal, ou pas d'accès du tout, au marché. Non, les pauvres modernisés sont ceux dont le domaine vernaculaire, en parole et en action, est le plus restreint — ceux qui tirent le moins de satisfaction des quelques activités vernaculaires auxquelles ils peuvent encore se livrer.

L'expansion de l'économie fantôme

Le tabou du deuxième degré que je viole n'est pas constitué par la distinction entre le vernaculaire et la langue maternelle enseignée, ni par la destruction du vernaculaire par le monopole radical de la langue maternelle enseignée sur le parler, ni même par l'intensité de cette paralysie du vernaculaire avec sa coloration de classe. Encore que ces trois sujets soient loin d'être nettement compris aujourd'hui, ils ont été largement discutés dans un passé récent. La question dont il faut débattre et qu'on s'applique à méconnaître est tout autre : de plus en plus la langue maternelle est enseignée non par des agents rétribués à cet effet mais par les parents, à titre gratuit. Ces derniers privent leurs enfants de leur dernière possibilité d'écouter des adultes qui ont quelque chose à se dire. La chose m'est apparue très clairement il y a quelques années, à New York, alors que je revenais dans un quartier que je connaissais bien, la partie sud du Bronx. Je m'y rendais à la demande d'un jeune professeur de faculté, marié à une collègue. Cet homme souhaitait recueillir ma signature sur une pétition réclamant une formation compensatoire au maniement de la langue avant le jardin d'enfants pour les habitants d'un ensemble de taudis, hauts immeubles partiellement détruits par l'incendie. Par deux fois déjà, de façon ferme mais non sans une profonde gêne, j'avais refusé. Pour vaincre ma résistance à cette expansion de services pédagogiques, il me fit faire le tour de « foyers » bruns, blancs, noirs, pour la plupart privés de « chef de famille ». Je vis des dizaines d'enfants qui filaient dans d'inhabitables couloirs de béton, exposés toute la journée aux flots assourdissants de la télévision et de la radio en anglais, en espagnol et même en yiddish. Ils semblaient pareillement perdus dans la langue et dans le paysage. Comme mon ami me pressait de signer, je me retranchai derrière la nécessité de protéger ces enfants contre une plus grande castration par l'inclusion dans la sphère éducative. Il y avait entre nous un malentendu, nous parlions sans nous rejoindre. Et ce fut le soir, en dînant chez mon ami, que je compris brusquement pourquoi. Cet homme, qui m'en imposait parce qu'il avait choisi de vivre dans cet enfer, n'était plus un père mais un enseignant intégral. Devant ses enfants, ce couple se tenait *in loco magistri*. Leurs enfants devaient grandir sans parents, puisque ces deux adultes, dans le moindre mot qu'ils adressaient à leurs deux fils et à leur fille, les « éduquaient » — ils ne cessèrent pendant tout le dîner de veiller à modeler le parler de leurs enfants, et ils me demandèrent d'en faire autant.

Pour le parent professionnel, qui engendre des enfants en tant qu'amant professionnel, qui offre bénévolement ses conseils semi-professionnels aux organisations de son quartier, la distinction entre sa contribution gratuite à la société gérée et ce qui pourrait être, par contraste, le rétablissement de domaines vernaculaires demeure incompréhensible. Il est une proie toute désignée pour un nouveau type d'idéologie relative à la croissance : la planification et la structure d'une économie fantôme en expansion, la dernière frontière de l'arrogance à laquelle est confronté l'*homo economicus*.

LE TRAVAIL FANTÔME

BIBLIOGRAPHIE

Sur l'histoire de la langue maternelle inculquée, quelques ouvrages permettront d'aller plus loin dans les directions esquissées, à partir de la « grammaire » de Nebrija, dans les deux essais « Valeurs vernaculaires » et « Répression du domaine vernaculaire » :

KARL HEISING, « Muttersprache, ein romanistischer Beitrag zur Genesis eines deutschen Wortes und zur Erstehung der deutsch-französischen Sprachgrenze », *Mundartforschung*, XXIII, 3, p. 144-174.

ANNA DAUBE, *Der Aufstieg der Muttersprache im deutschen Denken des 15. und 16. Jahrhunderts,* Deutsche Forschungen, vol. 34, Francfort, Diesterweg, 1940 : médiocre thèse de doctorat, mais trésor de citations.

GEORG BOSSONG, *Probleme der Übersetzung wissenschaftlicher Werke aus dem Arabischen in das Altspanische zur Zeit Alfonsos des Weisen,* Tübingen, Niemeyer, 1979.

ERICH AUERBACH, *Literatursprache und Publikum in der lateinischen Spätantike und im Mittelalter,* Berlin, Francke : particulièrement le chapitre 4.

BONGASU TANLA-KISHANI, « African cultural identity through Western philosophies and languages », *Présence africaine*, 98, 2e trim. 1967, p. 127. « Il arrive que l'homme de la rue, en Afrique, en vienne à croire que seul est bilingue celui qui peut manier deux langues européennes, étant donné que les langues africaines sont classées comme dialectes, vernaculaires, patois. »

DIRK JOSTEN, « Sprachvorbild und Sprachnorm im Urteil des 16. und 17. Jahrhunderts. Sprachlandschaftliche Prioritäten, Sprachautoritäten, Sprachimmanente Argumentation », *Europäische Hochschulschriften*, R 1, Berne-Francfort, Lang, 1976 : expose les opinions contemporaines des penseurs allemands.

W. BAHNER, *Beiträge zum Sprachbewusstein in der spanischen Literatur des 16. und 17. Jahrhunderts,* Berlin, Rüttner, 1956.

4

La recherche conviviale

« Science by people »

L'expression « *science* by *people* » (la science *par* l'homme), apparue dans les années soixante-dix, est aujourd'hui courante. On la trouve principalement dans le genre d'ouvrages dont la bibliographie de V. Borremans est mon guide par excellence [1], parmi la communauté multiforme et décentralisée des auteurs qui « décrochent » de la consommation et se servent des méthodes modernes pour mener une existence simple, allégée, plus autonome. C'est la recherche qui se mène à l'intérieur de ce qu'André Gorz a appelé l'Archipel de la convivialité, et dont cette bibliographie trace une première carte de navigation. On m'a demandé de clarifier le sens dans lequel j'entends l'expression qu'ils emploient pour désigner leurs activités de recherche. Ce terme neuf peut sembler au premier abord élusif et idéologique. On ne lui trouve pas d'antécédents dans le passé récent. J'ai l'impression que ceux qui l'emploient lui donnent une signification exactement inverse de celle qu'a revêtue le mot science depuis Bacon, et même depuis le XIIIᵉ siècle.

En compulsant le « guide » établi par V. Borremans, je vois que le terme « *science* by *people* » est employé par opposition à « *science* for *people* » (la science *pour* l'homme). La dernière expression désigne ce que l'on appelle « recher-

1. Valentina Borremans, *Guide to convivial Tools*, 1979, R.R. Bowker Cy, 1180 6 th Av., New York 10036.

che et développement », et plus simplement, depuis la Seconde Guerre mondiale, « R & D ». Généralement menées par de grandes institutions — gouvernements, industrie, universités, hôpitaux, armée, fondations —, ces activités sont aussi le fait de petites équipes privées ambitionnant de vendre les résultats de leurs travaux à ces institutions. C'est une activité dotée d'un grand prestige, conduite dans l'intérêt général — selon ceux qui la financent ou s'y livrent —, dispendieuse et exonérée d'impôt. Elle assure à des universitaires bardés de diplômes des postes fixes hautement rémunérateurs. La R & D peut porter sur la société ou sur la nature, être fondamentale ou appliquée, spécialisée ou interdisciplinaire. Ce n'est généralement pas parler péjorativement de la R & D que de la dire science *pour* l'homme ; cela n'implique pas par principe une désapprobation de cette entreprise. Cela signifie simplement que les résultats de la recherche n'ont aucune portée directe sur la vie quotidienne de ceux qui s'y livrent. La R & D peut être menée sur la bombe à neutrons, la dystrophie musculaire, les photopiles solaires ou les viviers — toujours au bénéfice d'*autres* hommes. Manifestement, la science *par* l'homme n'est pas cela.

A première vue, on pourrait attribuer l'emploi de l'expression « science *par* l'homme » à une ambition dépitée. Elle désigne la recherche menée avec très peu de financement ou pas du tout, sans parrainage, sans communications publiées dans de prestigieuses revues, et débouchant sur des résultats sans intérêt marchand. Pourtant, ceux qui s'y livrent ne semblent pas plus des laissés-pour-compte que des cupides. Ils mènent leurs recherches de façon méticuleuse, méthodique et disciplinée, sont parfaitement au courant de ce qui se passe en R & D dans les domaines qui les intéressent eux-mêmes, se prévalent de ses résultats lorsqu'ils ont un intérêt pour eux, et, rien qu'en une décennie, ont établi un réseau alternatif de publications fournissant un forum de critique et de diffusion de leurs efforts. Ils travaillent seuls ou en équipes très réduites, visant au premier chef, par leur étude, à façonner directement leur mode de vie. La prise de brevets ne les intéresse pas, il est rare qu'ils réalisent des produits finis pour la vente. Ils ne donnent nullement l'impression d'être les parents pauvres de ceux qui travaillent dans la R & D.

Il est facile de voir intuitivement la distinction entre cette forme de recherche et la R & D. Dans la première, les individus se concentrent sur la confection, le perfectionnement ou l'embellissement des outils et de l'environnement immédiat qui leur servent directement, laissant aux autres le soin d'imiter ou d'adapter ce qu'ils font. Dans la pratique, la distinction est claire. Mais, jusqu'à présent, la discussion sur cette distinction a été floue, sentimentale, idéologique ou à côté de la question. Même dans sa meilleure formulation, elle est demeurée une distinction négative. Un bon exemple en est donné par V. Borremans elle-même : « La science *par* l'homme est menée pour accroître la valeur d'usage des activités quotidiennes sans accroître la dépendance de l'individu à l'égard du marché ou des professionnels. »

La science *par* l'homme est une quête de quelque chose, largement pratiquée et cependant encore difficile à dénommer dans la langue du xxe siècle. Il est clair que cette activité n'est ni la recherche pure ni un assortiment d'essais hasardeux. Elle fait l'objet de recensions bibliographiques et d'une évaluation critique par tous ceux qui s'y livrent dans le monde entier. Plusieurs douzaines de publications périodiques internationales mentionnées par V. Borremans relient les chercheurs spécialisés. La science *par* l'homme représente l'effort de ses tenants pour « décrocher » du marché. C'est une quête de l'autonomie, mais dans une nouvelle synthèse et non par un retour au « bon vieux temps » ou à une prétendue « vie simple ». Elle ne procède pas d'un désir d'évasion ni d'une aspiration religieuse. Elle ne relève pas non plus de l'utopie, au sens courant de ce mot, car elle vise avant tout à améliorer, à embellir les conditions de vie présentes de ses promoteurs. Un ensemble d'intentions et d'activités répondant à ces critères est quelque chose de manifestement nouveau. En contraste avec la science qui œuvre dans l'intérêt du marché et de l'industrie, c'est la recherche conviviale.

Etant historien, j'éprouve toujours beaucoup de méfiance à l'égard de ce qu'on dit entièrement nouveau. Si je ne puis trouver de précédents à une idée, je subodore aussitôt qu'elle pourrait être absurde. Si je ne puis trouver dans le passé quelqu'un de connaissance avec qui je puisse imaginairement discuter de ce qui m'étonne, je me sens très seul, prisonnier de mon temps et de mon horizon limité. Ce qui ne veut pas dire que je vais chercher dans les bibliothèques une anachronique approbation des nouveautés de mon temps, ni que j'interprète celles-ci comme des renaissances. Simplement, l'effort d'en parler avec Aristote, Abélard ou Thérèse d'Avila m'oblige à une étude patiente, austère et humble.

L'invitation à préparer une contribution sur la recherche conviviale m'est parvenue en Allemagne, où je dirige un cours universitaire d'histoire médiévale. J'ai choisi pour mes élèves une douzaine de textes du deuxième quart du xiie siècle. Nous les lisons en classe, nous les commentons, mais notre recherche a un but bien plus humble que de prétendre parvenir à la connaissance d'une génération aussi distante. Nous lisons les textes qu'elle nous a légués et nous critiquons les tentatives existantes de traduction ou d'interprétation — et cela, principalement pour découvrir quelles sont, dans la mentalité d'un jeune de 1980, les bornes typiques qui l'empêchent de comprendre les sens multiples des expressions du Moyen Age.

Ayant été pressé de clarifier le sens de « science by people », il me revint en mémoire un penseur du xiie siècle qui se révéla d'excellente compagnie : Hugues de Saint-Victor. Vivant avant le xiiie siècle, mais après l'antiquité classique, il n'a pas été effleuré par ce que nous appelons communément la « science ». Je sais que beaucoup seront surpris par ce recours à un penseur d'il y a huit siècles pour clarifier un concept naissant en 1980. Les uns diront qu'une visite à l'abbaye de Saint-Victor au temps de sa gloire n'est que tourisme intellectuel, les autres, que je me montre irrespectueux en invitant Hugues à entrer dans notre cercle. Mais à tous je ferai la même réponse : il y a, en ce moment, des centaines de milliers de jeunes gens qui se promènent, souvent pédestrement et dans une belle simplicité, en pays sénoufo ou maya, et se bercent de l'idée qu'ils comprennent leurs hôtes... La découverte que Hugues de Saint-Victor leur est beaucoup plus familier — tout en se trouvant à une distance évidente — pourrait les aider à cultiver un sens plus aigu de l'humilité au contact de leurs contemporains de tradition « exotique ».

Hugues de Saint-Victor

Né vers 1096, probablement dans la ville flamande d'Ypres, Hugues fut élevé en Saxe. Ses contemporains l'appelaient Hugues de Saint-Victor (du nom de l'école de l'abbaye parisienne où il enseignait), Magister Hugo, Venerabilis Hugo, Hugues le Grand, et aussi Hugues le Saxon parce qu'il avait passé sa jeunesse au monastère de Hammersleben. Plus tard, certains le diront de naissance noble, par filiation dans la maison féodale de Blankenburg. Il mérite une place importante dans la philosophie de la technologie, car il a traité le sujet d'une façon originale, tout à fait distincte, à ma connaissance, de celle des autres auteurs. Que ses idées puissent contribuer à la tentative actuelle d'identification de l'alternative à la R & D, voilà ce que l'on a négligé jusqu'ici d'examiner. Que les grandes histoires des sciences et des techniques ne lui réservent, au mieux, d'autre place qu'une simple citation au milieu de dix autres noms, voilà qui m'apparaît comme une sérieuse lacune. Aussi, avant d'étudier sa pensée, dois-je d'abord faire revivre l'homme.

Tout jeune, il entra dans un ordre religieux d'un genre nouveau, les chanoines réguliers. Ceux-ci n'étaient pas des moines mais des communautés d'hommes suscitées par les récents mouvements de population dans les pays d'Europe, principalement l'essor des villes libres. La règle et la coutume imposaient aux moines une existence en petites communautés campagnardes, souvent très isolées. Ils tendaient à vivre en autarcie, dans des enclaves entourées de terres fraîchement défrichées. Leurs activités se limitaient pratiquement à la liturgie et au travail manuel, nécessaire au fonctionnement du monastère et à la culture des champs. Les nouveaux chanoines, en revanche, s'installaient habituellement dans les villes, voués à une exemplaire existence de vertu pour l'édification de la population chrétienne.

Jeune homme, Hugues quitta la Saxe et vint avec son oncle à Paris, où il demeura dans l'abbaye augustinienne de Saint-Victor, qui à l'époque était encore hors les murs de la ville. Paris bouillait d'une effervescence intellectuelle. Des hommes d'un immense savoir, passionnément attachés à leurs convictions, agissant et parlant avec une tranquille audace, s'affrontaient dans des controverses publiques. Hugues arriva à Paris peu après l'affaire d'Abélard et Héloïse. La première preuve documentée de sa présence dans ce milieu le montre déjà consacré Maître de Saint-Victor à un double titre : il dirigeait les études et il exerçait une puissante influence intellectuelle qui devait durer longtemps après sa mort. Pendant deux générations, Saint-Victor devra à Hugues son étrange mélange de mysticisme et de prosaïsme, à la fois sensible et plaisamment critique.

Sa vie nous est mal connue ; peu d'anecdotes sont venues jusqu'à nous. Il se rendit probablement une fois à Rome. Mais la lecture de ses œuvres révèle le caractère original et unique de ses idées. Elles sont toutes marquées par un style vigoureusement personnel. Il semble avoir inlassablement répété à ses élèves : « Apprenez toute chose. Avec le temps, vous découvrirez que vous n'avez rien acquis en vain. » E. R. Curtius dit ne pas connaître avant lui de théologien qui ait recommandé le rire aux chrétiens. Hugues encourageait même les professeurs à faire naître la gaieté chez leurs étudiants, car les sujets sérieux sont absorbés plus facilement et avec plus de plaisir lorsqu'ils sont mêlés d'humour. Il y avait là une recommandation défiant au moins sept siècles d'exhortation chrétienne aux étudiants de se garder non seulement de la chair mais du rire qui la secoue. Jusqu'à son dernier instant, Hugues demeura de belle humeur, comme le relate Osberg, le moine qui le soigna. Ce frère portier raconte que sa tombe attirait des foules de visiteurs, mais que de noires rumeurs se mirent à circuler dans Paris. Des étudiants, probablement des cisterciens, alors très défiants vis-à-vis du progrès technique, se plaignirent que le fantôme d'Hugues visitât nuitamment certains d'entre eux. Il venait leur demander de prier pour lui afin qu'il sorte du Purgatoire où il expiait sa curiosité excessive à l'égard des choses scientifiques et mécaniques.

L'influence posthume de Hugues dépassa largement son propre couvent où il avait des disciples fervents mais, dans l'ensemble, d'esprit peu ouvert. Il influença Albert le Grand et son élève, Thomas d'Aquin, les maîtres franciscains Alexandre de Halès et Bonaventure. A des années de là, sa pensée et même ses formules deviendront une lecture populaire dans l'*Imitation de Jésus-Christ.* Il compte parmi les rares penseurs médiévaux dont Kierkegaard cite les textes. Mais son influence la plus nette et la plus large s'exerça par l'emploi de son *Didascalicon* comme manuel.

Selon R. Southern, le milieu du xiie siècle a constitué un de ces rares moments dans l'histoire où les hommes de haut savoir se sentent assurés que la domination des œuvres du passé va s'éteindre naturellement. La pensée des Grecs, de Rome et des pères de l'Eglise paraissait assimilée. On estimait maîtriser de façon satisfaisante ce qu'ils avaient légué. Saint Bernard, Abélard et Hugues de Saint-Victor représentèrent une sorte neuve de génie qui s'épanouit durant la courte période de 1110 à 1150 — penseurs ayant entièrement digéré leur tradition, et qui se sentaient désormais libres de créer une synthèse neuve. Paris ne connaissait pas encore les œuvres scientifiques et métaphysiques d'Aristote qui allaient bouleverser les idées. Ses ouvrages n'étaient pas encore traduits de l'arabe, et leurs commentateurs arabes étaient encore inconnus. C'est au cours de cet intermède créateur que furent rédigés quelques-uns des plus grands manuels occidentaux : le *Livre des sentences* (1150) de Pierre Lombard, le *Decretum* (1140) de Gratien, et, les précédant tous, le *Didascalicon* (vers 1127) de Hugues de Saint-Victor. Ces ouvrages devaient avoir cours jusqu'au xviie siècle, lecture obligatoire de tout étudiant des arts libéraux, partie du programme d'études des clercs et même simplement des lettrés. Hormis les grammaires, il n'est pas d'ouvrage scolaire qui ait eu une aussi longue existence. L'extinction de leur autorité indiscutée marque la fin du Moyen Age de façon plus décisive que l'essor de la

Renaissance ou de la Réforme. Considérant leur renom prolongé et vaste, il est hautement révélateur que les idées entièrement originales d'Hugues sur la science mécanique n'aient été ni remarquées ni reprises.

Sollicité de clarifier la notion d'une nouvelle conception de la science sous-jacente aux divers mouvements de la recherche conviviale, je ne vois pas de meilleure approche qu'une confrontation avec la pensée de Hugues de Saint-Victor. En effet, Hugues définissait la science mécanique comme cette partie de la philosophie qui étudie des remèdes contre la faiblesse, l'infirmité du corps, lorsque celle-ci résulte d'interventions néfastes de l'homme dans l'environnement — la science est alors un correctif du désordre écologique.

La science en tant que remède

Les limites de ce texte ne permettent pas de présenter au lecteur les aspects capitaux de sa pensée que sont ses idées sur la métaphore, l'analogie, le sacrement, la connaissance mystique et l'amour. Je dois donc extraire de leur contexte ses réflexions sur la science en tant qu'aide ou remède et sur le caractère scientifique des arts mécaniques. Mais, pour bien les faire saisir, je dois expliquer brièvement sa perception de la condition humaine. Il partait de l'origine de l'homme telle que la rapporte la Genèse. Dieu créa d'abord Adam puis, de celui-ci, Eve. Il les créa pour qu'ils vivent en harmonie avec le reste de la création. Lorsqu'il les plaça au jardin d'Eden, il leur assigna une tâche astreignante mais qui n'exigeait nul labeur.

Hugues croyait fermement que Dieu avait fait toute chose selon la beauté propre à chacune. Cette insistance sur la beauté, et sur la perception visuelle de la réalité, voilà qui est caractéristique d'Hugues. Dieu donna à Adam et Eve trois sortes d' « yeux » : l'œil du corps, propre au discernement ordinaire ; l'œil de la raison, pour méditer sur la signification de la beauté éternelle qu'il contemple ; et l'œil apte à la contemplation du Créateur Lui-même. Cet œil-là, fait pour regarder dans une lumière aveuglante, est destiné à voir l'invisible — « ce qu'Il n'est pas, jamais ce qu'Il est ». Cette triple batterie d'yeux fait partie de ce dont le Créateur a, dès l'origine, doté l'être humain. Pour Hugues, c'est la lumière divine qui illumine ces yeux, réfléchie par la nature, l'âme et le ciel dans le miroir qu'est l'homme.

Conformément au récit biblique, il croyait que certaines restrictions avaient été imposées au premier couple par le Créateur. Adam et Eve étaient libres de profiter de tous les fruits du jardin. Ceux d'un seul arbre leur étaient interdits. (En hébreu c'est l'arbre de *iadah,* c'est-à-dire de la connaissance, de la pénétration, du pouvoir, de la possession.) Le serpent, ange déchu, jalousait leur position suprême dans l'univers. Il persuada Eve de casser une branche de cet arbre interdit et d'en manger le fruit. Mû non par la curiosité mais par son *affectus dilectionis* (son amour, sa dilection) pour Eve, Adam mangea du fruit qu'elle lui offrait. La conséquence, ce fut le bouleversement du monde. Tandis que s'assombrissait le miroir de leurs yeux, ils éprouvèrent de la honte. La nature, qu'ils avaient offensée et dont ils allaient devoir tirer leur subsistance, fut maudite. Ceux qui avaient été créés pour être les jardiniers de l'Eden naîtraient désormais d'un flanc ensanglanté et tireraient leur pitance d'un champ envahi de chardons. La transgression des règles de la nature primordiale contraindrait ceux qui avaient été créés pour être d'insouciants jardiniers du Paradis à gagner leur pitance dans la sueur et l'amertume.

Hugues prend cette conception historique de l'écologie pour point de départ de sa théorie générale de la science. Les humains, par leur propre faute, sont affaiblis, et doivent survivre dans un environnement qu'ils ont eux-mêmes détérioré. Et la science, c'est la quête d'un remède à cette douloureuse condition. L'importance primordiale est donc donnée aux efforts pour soulager la faiblesse des hommes, non pour contrôler, dominer ou conquérir la nature afin de la transformer en un pseudo-Paradis. Les métaphores de Hugues sont celles de l'âge de la foi, non de l'âge du quantum. C'est la création qu'il habite, non les espaces interstellaires. L'histoire est celle du salut, non celle de l'évolution. Et cependant, malgré la distance qui nous sépare de lui, notre approche de l'écologie peut être mise en comparaison et en contraste avec la sienne. Pour Hugues, l'écologie est l'hypothèse d'où découle la nécessité de la science ; pour la R & D, l'écologie est fondée sur des présupposés scientifiques. Afin de bien saisir cela, nous devons prêter une oreille attentive à la façon dont il s'exprime.

Elevé en Allemagne, vivant à Paris, il s'exprimait en latin. Ce latin-là est difficilement compris aujourd'hui. Ce n'était pas une langue qu'on possédait dès l'enfance. Les savants apprenaient sa variété classique. Mais, autant pour eux que pour les scribes, les religieux et les légistes, il devint la principale langue des relations quotidiennes. Ils se sentaient donc en droit de le modeler selon leurs besoins, leurs sentiments, leur fantaisie. Ce n'était pas une langue morte, pas plus qu'un langage de caste auquel seuls quelques-uns ont accès de naissance. C'était l'expression vivante d'une communauté savante, dans laquelle tous ceux qui usaient du latin l'acquéraient relativement tard dans leur vie. C'est donc un genre de langue que notre époque a perdu. Ce fait rend aventureuse toute traduction du latin médiéval. Ainsi, par exemple, lorsque Hugues parle de *philosophia,* je suis enclin à penser que la signification qu'il donne à ce mot est plus proche de la « science » que de la « philosophie » selon le sens que nous donnons aujourd'hui à ces mots. Quant à son style, il « est marqué dans tous ses écrits d'une fraîcheur de ton, d'une onction discrète et d'une délicatesse de touche, surtout quand [Hugues] scrute les états d'âme, qui le différencie totalement du genre littéraire destiné à devenir commun dans l'école [de Saint-Victor]. Volontiers, il recourt au dialogue. Partout, se reflètent la candeur et la sérénité de cette âme, qui unit la recherche du savoir à la contemplation du vrai, du bien et du beau, et qui fait de l'ensemble des connaissances humaines l'objet de ses méditations » (J. de Ghellinck).

Hugues présente sa théorie générale de la philosophie (ou de la science) dans deux ouvrages : un manuel constituant une introduction générale aux études supérieures, le *Didascalicon,* et le *Dialogue de Dindime sur la philosophie.* Le *Dialogue* fut probablement écrit deux ans après le manuel. Hugues s'y dissimule derrière un personnage de saint homme de l'Orient païen, Dindime, roi des brahmanes. Il l'emprunte à l'*Histoire d'Alexandre*, roman qu'il connaissait par une traduction latine du pseudo-Callisthène. Il donne pour interlocuteurs à Dindime : Indalète, l'apôtre légendaire qui convertit l'Espagne méridionale (région qui, au temps de Hugues, était depuis plus de quatre siècles sous domination musulmane), et Sosthène, le chef de la synagogue cité dans les Actes des Apôtres (18, 17). Dans ce procédé apparemment étrange résidait une subtile méthode. Il s'agissait pour Hugues de faire passer une thèse dont beaucoup pourraient se scandaliser. Il voulait donner corps à son fondement écologique de la science sans recourir aux dogmes chrétiens. C'est pourquoi il choisit de mettre sa propre argumentation dans la bouche d'un païen. Le brahmane avait beaucoup plus de liberté qu'un chrétien pour soutenir que la quête scientifique est un droit imprescriptiblement lié à l'existence même de l'homme, et qu'elle peut être menée sans l'aide des Saintes Ecritures. Son choix de personnages était fort limité. Qu'il prît un Grec des temps préchrétiens, et ses lecteurs auraient pu faire valoir qu'après l'avènement du Christ la situation de la science avait changé. Qu'il prît un musulman, et ses lecteurs y auraient vu un irréductible infidèle arguant contre l'illumination de la foi. Aussi prit-il un païen ascétique, homme que l'on pouvait, en ces temps, considérer comme un chrétien qui s'ignore. Hugues remet à Dindime la tâche d'expliquer le critère qui donne unité à la philosophie/science, ainsi que la place des arts mécaniques en ce domaine.

Lorsque le premier couple transgressa l'ordre de la nature, la dysharmonie ainsi provoquée obscurcit leur vue. Mais elle n'éteignit pas entièrement le feu éternel de la vérité qui continue à brûler, de façon externe, dans les sens, et, de façon interne, dans l'imagination. Ce feu ne cesse d'attiser la curiosité, la surprise, l'admiration — c'est-à-dire le point de départ de la science. La science est la tentative de restauration, aussi partielle qu'elle soit, de cette compétence humaine perdue lors de la catastrophe écologique originelle qui fut le début de l'histoire sur la Terre. La science a trois fins principales :

> ... la sagesse, la vertu et la capacité de faire face aux besoins. La sagesse est l'entendement des choses telles qu'elles sont. La vertu est une habitude du cœur, une habitude qui établit l'harmonie avec la raison comme il en va dans la nature. La *necessitas* [compétence en face d'un besoin] est quelque chose sans quoi nous ne pouvons vivre, mais sans quoi nous vivrions plus heureux. Ces trois choses sont autant de remèdes contre les trois maux auxquels la vie humaine est sujette : la sagesse contre l'ignorance, la vertu contre le vice, et la compétence contre la faiblesse corporelle. Afin de supprimer les trois maux, les hommes ont cherché ces remèdes, et afin d'y parvenir ont été découverts l'art et la discipline. Pour la sagesse ont été découverts les arts théoriques ; pour la vertu, les arts pratiques ; pour la nécessité, les arts mécaniques.

Dans ce texte, Hugues part de l'*ignorantia,* la faiblesse de l'œil de l'esprit, privé d'un clair reflet de Dieu. Comme correctif, l'esprit a besoin de la science théorique, vision des choses telles qu'elles sont. Cette science-là conduit à la sagesse. Puis Hugues traite du *vitium,* le relâchement moral qui requiert l'aide d'*habitus animi,* d'habitudes stables de l'âme — dans le langage d'Erich Fromm, nous les traduirions par « caractère ». Ces habitudes, on les acquiert par la science éthique ou sociale, la *practica,* qui conduit à la vertu. Enfin, nous ne vivons pas en harmonie avec la nature. A cause de notre agression, une sorte de revanche nous impose des nécessités. Pour vivre, nous devons affronter et surmonter ces nécessités. On y parvient en recourant à ce que Hugues, le premier, appelle d'abord la science mécanique. *Theorica, practica* et *mechanica* sont les trois remèdes contre l'infirmité de l'individu.

Dindime soutient que l'élément commun à toute science est le fait qu'elle sert de béquille à la faiblesse humaine. Pour autant que nous le sachions, Hugues fut le premier à faire procéder l'invention des arts et de la science de certaines défaillances de la nature humaine. Mais nous ne savons pas si c'est là une invention de son cru. En revanche, la définition de la science en tant que remède contre la faiblesse de ceux qui s'y livrent, et qui doivent s'y livrer pour survivre dans un environnement originellement altéré par l'action humaine, lui est tout à fait propre. L'idée est reprise par Richard de Saint-Victor (dans son *Liber exceptionum*, vers 1159) et mentionnée pour la dernière fois quatre-vingts ans après la mort de Hugues. C'est une vision de la science diamétralement opposée à celle qui commença à prendre forme au XIIIe siècle — avec la redécouverte d'Aristote — et qui est toujours dominante en Occident. Pour saisir plus clairement cette opposition entre la science de Hugues et la nôtre, le mieux est peut-être de conserver le terme qu'il emploie et de parler de *philosophia* — « la poursuite empressée de la vérité, non point mue par cet amour qui chérit le parfaitement connu, mais plutôt poussée par le désir de poursuivre plus loin ce qui a été goûté et trouvé agréable », comme l'exprime Dindime. Cela n'a nettement rien de commun avec la R & D. Et ce n'est pas non plus compatible avec l'effort baconien pour subjuguer la nature. Et, plus important encore, ce n'est nullement la recherche pure, désintéressée, qui vise à trouver et publier la vérité. Cette « poursuite empressée de la vérité mue... par ce qui a été goûté et trouvé agréable », il n'est pas de terme aujourd'hui pour la désigner sinon la « recherche conviviale ». Ceux qui dénomment ainsi leurs propres activités poursuivent quelque chose d'analogue à ce qu'entendait Hugues par science, philosophie, amour de la sagesse, et qu'il définissait par la recherche critique de remèdes contre une faiblesse que l'homme s'est lui-même suscitée et qui demeurera son lot dans un monde qu'il a altéré.

Les arts mécaniques en imitation de la nature

Maître Hugues a une autre contribution importante à la réflexion sur la recherche conviviale. Il se révèle original, non seulement en considérant la science comme un remède, mais encore en faisant de la science, qui gouverne la fabrication de remèdes contre la faiblesse *corporelle,* une partie de la philosophie. Cela, il l'écrivait plusieurs siècles avant que la science *pour* l'homme entre dans les programmes universitaires sous ses trois formes : d'abord la médecine, puis l'architecture et enfin, à date récente, l'ingénierie. Et pourtant, il demandait déjà ce qui est aujourd'hui revendiqué : que l'on admette la recherche conviviale sous la forme normative de la « mécanique ».

Pour Hugues, les *scientiae mechanicae* constituent des réflexions méthodiques sur les remèdes spécifiques de la faiblesse du corps : *lanificium* (travail de la laine), *armatura* (travail du métal), *navigatio* (commerce et transport), *agricultura, venatio* (chasse) — la transposition la plus approchée pourrait être : activités du secteur primaire —, *medicina* et *theatrica* (divertissement). Dans chacun de ces arts, soutient Dindime, se cache la sagesse. La réflexion sur l'art doit donc être traitée comme une partie de la philosophie.

> Tous les êtres vivants naissent avec l'armure qui leur convient. Seul l'homme vient au monde désarmé et nu. Ce qui fut donné aux autres de naissance, il doit l'inventer. Imitant la nature et s'armant grâce à la raison, il resplendit plus que s'il était né nanti d'un équipement apte à le prémunir contre ce qui l'entoure.

Hugues témoigne d'une allégresse, d'un optimisme intellectuel à l'égard de la nature humaine, que l'on ne peut pleinement mesurer qu'en les considérant sur le terrain de sa foi médiévale. Ses écrits théologiques le montrent pénétré du sens du péché de l'homme et de la nécessité de sa rédemption. Egalement, il est convaincu que la désobéissance de l'homme et son agression contre la nature se reflètent à jamais dans la rébellion de celle-ci, dans son refus de servir les désirs et les besoins de l'homme. Et pourtant, il ne recommande jamais la résignation, pas plus qu'il ne nous incite à subjuguer la nature. Il voit au contraire dans la dysharmonie entre les humains et leur environnement, causée par l'homme, une incitation majeure de l'humanité — l'incitation à créer des choses qui imitent la nature et qui servent à l'homme de béquilles grâce auxquelles il peut s'élever au-dessus de la condition qui aurait été la sienne s'il avait continué à vivre au Paradis. C'est l'étude de la *sagesse,* qui est implicite dans la construction de ces béquilles, que Hugues appelle les sciences mécaniques. Et il compte à leur nombre la philosophie. C'est la même voie qu'empruntent aujourd'hui plusieurs de ceux qui défendent la recherche conviviale. Ils ne répugnent nullement à se servir des résultats de la science *pour* l'homme, mais à des fins *sui generis.* Beaucoup voient là des prétentions sentimentales ou fumeuses. Et ces pratiquants de la recherche conviviale ne peuvent se prévaloir d'une tradition de pensée au sujet de la science. Une réflexion sur Hugues de Saint-Victor est susceptible de les aider à préciser ce qu'ils revendiquent.

Pour mieux saisir l'originalité de Hugues dans sa façon d'envisager les arts mécaniques, il faut suivre l'évolution du terme jusqu'à la fin du XIe siècle. Le mot « mécanique » vient du grec *méchanè.* Pour les Grecs de l'époque classique, les arts mécaniques étaient des procédés au moyen desquels déjouer la nature par des miracles, par la magie, l'artifice, et par des appareils tels que les horloges hydrauliques et les miroirs paraboliques. Ce pouvoir était le fait des dieux, des magiciennes, des acteurs et des artisans. Lorsque le grec fut devenu la langue véhiculaire du bassin méditerranéen, la *méchanè* était ce qui faisait les choses étranges — et la *fabrica,* les normales. Le latin n'adopta jamais le mot et ne lui créa pas non plus d'équivalent. Le génie romain n'éprouvait pas le besoin de surpasser la nature, ses bâtisseurs étaient sûrs de leur pouvoir. Ils n'inventèrent même pas de terme générique pour ce que nous appelons les techniques. Les Romains savaient écrire de façon précise sur l'agriculture ou sur l'art de la guerre (*de agricultura, de arte bellica*) — que ce soient les leurs, ceux d'autres peuples, ou ceux qu'ils importèrent à Rome. Leurs légions juxtaposaient les techniques comme on juxtaposait les dieux dans le Panthéon : de même qu'ils n'avaient pas besoin de théologie, ils n'avaient pas besoin de technologie.

A la basse Antiquité, le terme *méchanè* ne fut plus guère employé. Avant l'invasion de l'Espagne par les Arabes,

Isidore de Séville l'aida — comme tant d'autres termes — à survivre jusqu'au Moyen Age. Pour lui, la mécanique signifiait tout procédé raisonné de fabrication, en vue d'un usage personnel ou marchand. Et puis, à la période carolingienne, les *artes mechanicae* acquirent un sens neuf et ambigu. Pour la première fois les savants employèrent le terme pour désigner explicitement les activités humaines par lesquelles étaient créées d'habiles imitations de la nature. Gerbert d'Aurillac, le bizarre génie qui devait devenir pape sous le nom de Sylvestre II, par art mécanique représenta en figures les mouvements complexes de toutes les sphères célestes. On disait aussi alors des maçons qu'ils employaient l'art mécanique pour lier le monde visible au monde invisible dans la disposition des apôtres, des dragons et des fleurs sur les chapiteaux des colonnes romanes. Dès avant l'an mil, *mechanica* était un terme élevé pour désigner un pouvoir confondant, supérieur à celui du prêtre ou du chevalier. On le voit bien dans une lettre adressée vers l'an 830 par un jeune moine à maître E [nom illisible], son ancien professeur au monastère de Compiègne :

> ...lorsque j'étais auprès de vous, Maître Hanno m'avait instruit de ce qu'est la mécanique, et de ce que veut dire « arts mécaniques ». Malheureusement, j'en ai tout oublié. Soyez assez bon pour le trouver et me le faire savoir, que sont les forces mécaniques ? Et, avant toute chose, en quoi *mechanica* [magie] diffère de *mathesis* [astrologie].

Pour les Grecs, le mot *mathesis* avait signifié : déjouer la nature ; à la période hellénistique, il prit un sens voisin de celui de « compétence » ; pour le petit moine du haut Moyen Age, un complément de l'astrologie ; dans son emploi scolastique au temps de Hugues, il en était arrivé à signifier : habile imitation de la nature. C'est dans ce sens que Hugues parle de « mécanique ». Et il explore les relations entre cet art « pratique » et la sagesse.

Les auteurs médiévaux employant ce terme avant Hugues le combinaient toujours avec le mot « art », parlant ainsi d'*artes mechanicae*. Hugues est le seul à l'unir au mot

« science ». Il est le premier à parler de *scientiae mechanicae*. Ce n'est pas — par exemple — au travail de la laine en soi qu'il songe, mais à la relation entre cet art et la sagesse, comme le fit, en notre siècle, le mahatma Gandhi. Ce qu'il veut, c'est fonder la contribution du tissage, du commerce, de la médecine, du jeu de l'acteur à la sagesse du savant, à sa capacité à remédier à la faiblesse de l'homme. Dans ces arts pratiques, Hugues cherche un miroir de la vérité, expression qu'il emploie ailleurs pour décrire la création et l'âme humaine, ces deux autres grands miroirs. Et, par la pratique de l'art que guide la sagesse, il espère rendre limpide son miroir.

Analysant l'art en tant que miroir de la vérité, Hugues fait une distinction essentielle entre le reflet qu'il en voit dans l'art et le reflet qu'il en voit dans la création et dans l'âme. La nature et l'âme réfléchissent la lumière de la vérité dans un agent créé par Dieu et enténébré par les hommes. L'agression écologique du couple primordial a voilé mais non brisé ces miroirs qu'a faits Dieu. La science mécanique cherche le reflet de cette même lumière dans un agent fait par l'artiste à l'imitation de la nature créée par Dieu, un miroir qui est en partie naturel et en partie ouvrage de l'homme. La science mécanique est l'étude non de la création divine mais de l'ouvrage humain dans la mesure où cette étude peut contribuer à remédier pratiquement à la faiblesse humaine. A la différence de l'étude de la nature et de l'homme, l'étude des choses que réalise l'homme, dit Dindime, est improprement dénommée « sciences mécaniques », puisque celles-ci munissent l'homme d'une clef du fonctionnement de la nature.

Pour expliquer cette qualité bâtarde, dualiste, de l'art, semi-conception humaine et semi-imitation de la nature, Dindime recourt à une étymologie fantaisiste. Il fait dériver *méchanè* du grec *moichos* (adultère). Pour lui, les techniques réfléchissent la vérité tout en la déformant : leur étude scientifique, aussi philosophique soit-elle, est donc une science « mécanique » ou « adultère ».

Pas plus l'idée de la science en tant que remède, ni celle de la mécanique en tant que partie de la science ne survécurent à

Hugues. On peut s'en étonner, puisque ces deux notions sont clairement exprimées dans le *Didascalicon,* son ouvrage le plus connu et qui servit de manuel d'initiation jusque pendant la Renaissance. Une des raisons pour lesquelles ses idées ne furent pas reprises par ses lecteurs est à rechercher dans les développements technologiques qui coïncident avec sa quarante-cinquième année. En moins d'un siècle, la consommation de fer avait plus que doublé dans l'Europe du Nord-Ouest. Il était devenu nécessaire pour le ferrage des chevaux, la fabrication de charrues et de faux — inventions vieilles de trois siècles, mais seulement alors d'un large usage. Et ce fut également à ce moment que commencèrent les croisades, grandes consommatrices de fer pour les armures. Du vivant de Hugues, le nombre des moulins à eau doubla, tandis que le nombre et la variété des nouvelles machines mues par ces moulins augmentaient encore plus rapidement. Les monastères prirent l'allure de parcs de machines. Les hommes capables de construire, entretenir et réparer tout cet équipement d'usinage et d'extraction minière se multiplièrent. C'était un nouveau genre d'artisans et d'ouvriers — chaudronniers ambulants et mineurs spécialisés ne correspondant plus exactement au modèle connu. Ce sont ces métiers qui finirent par être appelés « arts mécaniques ». On inclinait à considérer ceux qui pratiquaient ces arts nouveaux comme du bas peuple. Lorsque, deux générations après la mort de Hugues, les moulins à vent mais aussi les universités se répandirent dans toute l'Europe, il devint malséant pour les gens instruits de parler de ces métiers ; la mécanique n'était plus un sujet d'études universitaires. Le terme désignait à présent une sorte neuve d'emploi, un genre de salariat — rare dans la France du XIIe siècle — lié aux premières formes modernes de production mécanique de série. La mécanique n'avait plus grand-chose de commun avec l'effort de déjouer la nature, encore moins de l'imiter. Elle se rapprochait de l'exploitation de la nature, ayant déjà évolué dans le sens de sa domination. Des siècles allaient passer avant qu'on se risque à incorporer dans les programmes universitaires des disciplines exigeant des compétences manuelles. La médecine elle-même, en accédant à l'enseignement supérieur, dut exclure la chirurgie. Et lorsque, un demi-millénaire plus tard, au xviiie siècle, la science de la construction des machines accéda enfin à l'Université, ce fut sous une forme conceptuelle diamétralement opposée à la *scientia mechanica* de Hugues, la recherche conviviale. Alors que cette dernière menait une quête de la sagesse dans son imitation de la nature, le nouveau sujet d'étude était clairement une science des *engins :* une science tournée vers la production *pour* l'homme.

Technologie critique

L'anglais ne possède pas de mot pour désigner la science des outils en tant qu'outils. « Technologie » ne convient pas. On emploie à présent ce mot pour parler des outils eux-mêmes : ordinateur, convertisseur de biogaz, parc de machines ou outillage propre à une culture. Au surplus, l'anglais recourt au mot « technologie » pour désigner un sujet : on dit de l'ingénieur civil, naval ou électronicien qu'il a une formation technologique. Cette signification anglaise du terme s'est diffusée par tout le globe. Cependant, jusqu'à une date récente le français et l'allemand ne l'avaient pas empruntée. Jacques Ellul distinguait très légitimement entre les *techniques* (ce que signifie le mot anglais *technology*) et la *technologie,* ou analyse critique des rapports entre l'homme et les outils. Puisqu'il me faut un terme pour parler de ce sujet, je propose celui de *technologie critique.*

Lorsqu'il me fut demandé de parler de la science *par* l'homme, je me suis reporté au deuxième quart du xiie siècle parce qu'à ma connaissance c'est alors que la technologie critique est apparue. Hugues de Saint-Victor ne fut nullement le seul à traiter des rapports entre l'homme et les outils. Honoré d'Autun (en réalité : d'Augsbourg) et Théophile le moine (ou le prêtre) ont également apporté d'intéressantes contributions à la discussion, et je me propose de consacrer à chacun un essai parallèle à celui-ci. On sait que dans toutes les civilisations, depuis l'Antiquité, on a employé des outils, et consacré des ouvrages à leur maniement et à leur efficacité respective. On sait qu'il existait communément des manuels pratiques sur l'art de s'en servir. On sait que, plus encore que les philosophes grecs, les brahmanes indiens analysaient critiquement les outils de la pensée employés dans la logique et dans la grammaire. Mais nulle part on n'a explicitement et systématiquement exploré en tant que question théorique l'importance des outils du travail manuel. C'est seulement vers l'année 1120 que l'on voit pour la première fois un problème dans les outils aptes à agir sur la nature physique, corporelle.

Hugues et ceux qui, en même temps que lui, commencèrent à poser des questions critiques au sujet des techniques étaient encore enracinés dans des cultures pour lesquelles les outils allaient de soi. Chaque culture disposait d'un outillage limité. Entre les cultures, ces outillages différaient autant que les langues. Mais des outils neufs apparurent, qui changèrent l'existence. Au xiiie siècle, le paysage de l'Europe centrale s'était transformé par suite d'une combinaison d'outils qui rendaient le cheval infiniment plus efficace : le fer, le mors, le collier d'épaules et la charrue. En même temps, d'autres outils tombaient en désuétude. Mais, pas plus la transformation des outils que leur effet social n'étaient estimés objet d'étude.

Au temps de Hugues, il était parfaitement approprié que Dindime, le brahmane, s'exprimât sur la raison dans le monde terrestre comme s'il était « par nature » chrétien. Les chrétiens avaient encore, de la relation entre les êtres humains et l'environnement, une perception telle qu'ils auraient pu s'en entretenir avec un taoïste, un juif ou un hindou en partant d'une prémisse commune. Bien que l'homme sût agir efficacement — ou même nuisiblement — sur l'environnement, l'agriculture était encore partout considérée comme la tenue d'un jardin (aussi menacé fût-il par les mauvaises herbes, les chardons ou le sable) et non comme une exploitation biologique. Le perfectionnement des outils ou l'adoption d'outils nouveaux visaient au premier chef à augmenter les récoltes ou à rendre le travail moins dur plutôt qu'à produire des surplus marchands.

D'un autre côté, pour la génération de Hugues, se dessinaient les signes d'un profond changement. La charrue et le moulin étaient des symboles d'un accroissement des récoltes dépassant les besoins de la subsistance, tandis que la ville neuve devenait le marché où ces surplus pouvaient être écoulés. Une période d'intense innovation technique s'ouvrait. C'est sur cet arrière-plan qu'apparaît la science mécanique de Hugues : au point de vue théorique, il est possible de perfectionner les outils aux fins de la subsistance ; au point de vue moral, tel doit être l'objet de la science.

A la fin du XIIᵉ siècle, le climat mental va changer en Europe : les arts mécaniques se transforment, mais aussi l'approche intellectuelle vis-à-vis d'eux. La différence entre les grands penseurs du début du XIIᵉ siècle et ceux du début du XIIIᵉ est souvent masquée par le fait qu'ils sont pareillement rangés parmi les « scolastiques ». Mais, dans l'intervalle entre les premiers et les seconds, les juifs espagnols et les moines bénédictins traduisent les ouvrages des philosophes grecs à partir des traductions arabes qui les ont conservés depuis quatre siècles. Une conception entièrement neuve de la science se répand : la science est désormais considérée comme la quête de ce qui fait fonctionner les choses et non plus, selon ce que pensait Hugues, comme la poursuite laborieuse de remèdes à la faiblesse de celui qui pratique la science, poursuite de ce qui a été goûté et trouvé agréable. Dans le sillage de cette approche neuve de la science se forme une nouvelle attitude à l'égard des moyens techniques. Les nouveaux moulins deviennent les symboles du pouvoir de l'homme sur la nature, les nouvelles horloges, le symbole de son pouvoir sur le temps. En fait, comme le remarque C. S. Lewis, la relation se révéla plus précisément être le pouvoir exercé par certains hommes sur d'autres en faisant de la nature un instrument de ce pouvoir. La technologie critique, celle que propose Hugues, était contraire à l'intérêt de son temps et elle fut oubliée.

Le technologue critique de 1130 et celui d'aujourd'hui sont, de manières très différentes, au seuil d'une étape. Hugues était confronté à la naïveté traditionnelle, et nous le sommes à

111

sa version baconienne. Partout, dans le monde de Hugues, il allait de soi qu'on employât la houe et le marteau de sa région, de même qu'on en parlait la langue vernaculaire et qu'on en portait le costume. Observant autour de lui les innovations, il proposa une théorie selon laquelle la science mécanique pouvait améliorer les remèdes contre l'infirmité de l'homme : il s'agissait de perfectionner l'art ou de comprendre la sagesse qui y était cachée. Dans le monde d'aujourd'hui, le technologue critique est confronté à une forme différente de naïveté, dont l'origine est dans les formulations de Bacon. Comme Hugues, Bacon était théologien, et il prêcha plus que lui. Ce qui l'intéresse, c'est la « restauration et réinvestiture de l'homme à la souveraineté et puissance qu'il avait dans son premier état de création au Paradis ». Pour lui, « le progrès des arts et des sciences est de s'acquérir la maîtrise de la nature » ; l'homme de science vient vers vous, en « toute vérité vous amenant la nature et tous ses enfants pour vous l'astreindre à service et la faire votre esclave ». Il « revendique le droit sur la nature... qui appartient à l'homme par legs divin... et promet la libération des incommodités de l'état d'homme ». Pour Bacon, « les inventions mécaniques récentes n'agissent pas seulement avec douceur sur le cours de la nature, elles ont le pouvoir de la conquérir et de la subjuguer, de l'ébranler jusqu'à ses fondations ».

Bacon proposait de forcer la nature, de la torturer expérimentalement afin de la contraindre à révéler ses secrets. Si son style n'est plus de mise, son optimisme l'est toujours. Il suffit de lire les textes issus de la R & D à vocation écologique : elle vise à substituer à la domination de la nature par la torture une approche alternative, à savoir sa séduction par la douceur. Mais, en substance, la nouvelle « science alternative » demeure très souvent naïve. Elle demeure une entreprise pour libérer les autres, l'humanité, des incommodités de l'état d'homme. Elle est toujours du domaine des scientifiques opérant dans l'intérêt des *autres*. Et la quête de la nouvelle R & D à vocation écologique n'est déjà plus celle d'une production de biens et de services pour le plus grand nombre. Sa recherche porte de façon croissante sur une détermination de ce qu'il faut obliger les gens à faire pour eux-mêmes — en leur laissant bien entendu croire qu'ils agissent dans leur propre intérêt. D'une science cherchant à s'assurer le contrôle de la nature extérieure, la R & D a glissé vers la recherche de moyens permettant de contraindre subtilement les hommes à une autodiscipline uniforme.

A moins qu'elle ne se fonde sur la technologie critique, la recherche conviviale court un grave danger — le danger d'être absorbée par la R & D qui imposera à l'homme des formes prescrites d'auto-assistance. De la même façon que la technologie critique de Hugues fut oubliée, tandis que ses écrits servaient de base aux scolastiques qui lui succédèrent, la recherche conviviale est constamment menacée d'être transformée en instrument didactique de la dernière formule de R & D à vocation écologique. Cela ne pourra manquer de se produire, si nous ne comprenons pas que la recherche conviviale ne demeure fidèle à sa mission que lorsqu'elle part d'une image de l'homme qui est l'inverse de celle du travailleur et consommateur dans l'intérêt de qui les spécialistes doivent « faire de la recherche ».

NOTE : Cet essai a pour origine l'une des douze conférences faites à la Gesamthochschule de Cassel, Allemagne, au cours du semestre d'hiver 1979-1980. L'objet de ces conférences était de faire saisir aux étudiants les limitations de la pensée et de l'opinion contemporaines qui rendent quasi impossible une véritable compréhension des cultures tournées vers la subsistance. La méthode employée consistait à les confronter à des textes médiévaux, choisis principalement dans le deuxième quart du XIIᵉ siècle. La rédaction de l'essai vise un tout autre objet puisqu'il est destiné à un recueil préparé par Valentina Borremans, qui contiendra entre autres des essais de Karl Polanyi, Lewis Mumford, André Gorz, tous dévolus à la critique radicale des outils. Ce recueil reprendra en appendice le *Guide des outils conviviaux* de V. Borremans qui présente plus de quatre cent cinquante outils de référence modernes relatifs à la science et à la technologie conviviales.
Le lecteur trouvera ci-après une bibliographie sommaire relative à Hugues de Saint-Victor et aux arts mécaniques au Moyen Age. Son objet n'est pas de répertorier les ouvrages sur lesquels se fonde le présent essai, mais plutôt d'orienter ceux qu'intéresse l'histoire médiévale et qui souhaiteraient poursuivre plus loin la recherche dans des voies que j'esquisse.

BIBLIOGRAPHIE

Biographie de Hugues de Saint-Victor

J. TAYLOR, *The Origin and early Life of Hugh of St. Victor : an evaluation of the tradition,* Texts and Studies in the History of medieval Education, vol. 5, Notre Dame (Indiana), 1957.

Textes

Opera Omnia, vol. 1-3, in MIGNE, *Patrologia latina,* vol. 175-177, Paris, 1854-1879.

Opera propaedeutica, Practica Geometriae, De grammatica, Epitome Dindimi in philosophiam, R. BARON, éd., University of Notre Dame Publications in mediaeval Studies, vol. 20, Notre Dame (Indiana), 1966. Les p. 167-207 donnent une édition critique du texte latin du dialogue avec Dindime, suivie, p. 209-247, de cinquante notes de commentaire par R. BARON.

Didascalicon de studio legendi. A critical text, C. H. BUTTIMER, éd., The catholic University Press, Studies in medieval and Renaissance Latin, vol. 10, Washington, 1939. L'édition anglaise de ce texte comporte une mise à jour de l'appareil critique et des notes de l'introduction : *The Didascalicon of Hugh of St. Victor. A medieval guide to the arts,* traduit du latin avec introduction et notes de J. TAYLOR, Records of civilization, sources and studies, New York et Londres, 1961.

Sa pensée

Depuis sa thèse de doctorat en 1957, R. BARON a publié une douzaine de contributions qui permettent de comprendre Hugues de Saint-Victor de façon entièrement neuve. Sa thèse de doctorat, *Science et Sagesse chez Hugues de Saint-Victor,* Paris, Lethielleux, 1957 (bibliographie exhaustive p. 231-263), demeure la meilleure initiation.

M. GRABMANN, « Hugo von St. Victor und Peter Abälard. Ein Gedenkblatt zum 800 jähr. Todestag zweier Denkergestalten des Mittelalters », *Theologie und Glaube,* 34 (1942), p. 241-249.

E. LICCARO, « L'Uomo e la natura nel pensiero di Ugo di S. Vittore », *Atti del 3. Congresso internazionale di filosofia medievale,* Milan, 1966, p. 305-313.

B. LACROIX, « Hugues de Saint-Victor et les conditions du savoir au

Moyen Age », *An E. Gilson Tribute,* Marquette University Studies, Milwaukee, 1959, p. 118-134.

Articles de dictionnaire, l'un et l'autre excellents : *Dictionnaire de spiritualité,* Beauchesne, Paris, 1969, article « Hugues de Saint-Victor » par R. BARON.

Dictionnaire de théologie catholique, Letouzey, Paris, 1930, article « Hugues de Saint-Victor » par F. VERNET.

Originalité de sa conception des remèdes

L.M. DE RIJK, « Some Notes on the Twelfth Century Topic of the Three (Four) Human Evils, and of Science, Virtue and Techniques as their Remedies », *Vivarium,* 5 (1967), Leyde, p. 8-15. Réunit et collationne les textes existants du XIIe siècle.

Originalité de sa division des sciences

BERNARD BISCHOFF, « Eine verschollene Einteilung der Wissenchaften », *Archives d'histoire doctrinale et littéraire du Moyen Age,* 25, 1959, p. 5-20.

D. LUIGI CALONGHI, *La Scienza e la Classificazione delle scienze in Ugo di S. Vittore,* Estratto della dissertazione di Laurea, Pontificium Athenaeum Salesianum, Facultas philosophica, Theses ad Lauream n° 41, Turin, 1956 (1957).

Sur la place des arts mécaniques dans la pensée médiévale

Deux monographies capitales :

PETER STERNAGEL, *Die artes mechanicae im Mittelalter : Begriffs und Bedeutungsgeschichte bis zum Ende des 13 Jahrhunderts,* Münchner Historische Studien, Abteilung Mittelalterliche Geschichte, Band 2, Lassleben, Kallmütz, 1966 : sur Hugues cf. p. 67-77 ; sur son influence, cf. p. 85-102.

FRANCO ALESSIO, « La filosofia e le artes mechanicae nel secolo 12 », *Studi medievali,* 3e série, vol. 6, 1965, p. 71-161.

Sur leur relation avec le travail servile :

M.D. CHENU, « Arts mécaniques et œuvres serviles », *Revue des sciences philosophiques et théologiques,* 29, 1940, p. 313-315.

Sur Hugues et l'enseignement des arts mécaniques

LYNN WHITE Jr, « Medieval Engineering and the Sociology of Knowledge », *Pacific historical Review,* 44, 1975, p. 1-21.

Cet article m'a amené à lire Hugues, que je connaissais principalement en tant qu'analyste de l'expérience mystique, dans la perspective de son enseignement sur la science mécanique. Comme toujours dans les articles de White, celui-ci s'est révélé un guide sûr pour la littérature secondaire sur le sujet. White fait ressortir le fait que, après Hugues et pendant des siècles, jamais l'enseignement des arts mécaniques ne fut sérieusement envisagé dans les cours universitaires. J'ai essayé, pour ma part, de faire ressortir une idée complémentaire : plus jamais depuis Hugues, sauf dans notre décennie, on n'a envisagé l'enseignement de la science mécanique comme un *remedium* à la faiblesse de l'homme, comme une des routes qui conduisent l'étudiant au *commodum,* à « se trouver bien » face à la réalité physique, de même que la *theorica* le conduit à la science, autrement dit à la sagesse, et la *practica* à la vertu.

5

Le travail fantôme

Le roman de Nadine Gordimer *Burger's Daughter* était sur mon bureau lorsque j'ai commencé à ébaucher cet essai. L'auteur y montre avec une rare maîtrise l'image arrogante du libéralisme de notre époque renvoyée par le brillant et cynique miroir de sa terre natale, l'Etat policier d'Afrique du Sud. Son héroïne souffre d'une « maladie » : « l'incapacité d'ignorer qu'une vie normale et saine a pour condition la souffrance d'autres êtres humains. » Dans *Feminization of America*, Ann Douglas dégage une idée similaire. Pour elle, la « maladie » vient de la perte d'une sentimentalité — une sentimentalité attachée à des valeurs qui sont précisément celles que la société industrielle détruit. Quiconque souffre de cette perte de sentimentalité prend conscience de la ségrégation : celle que nous connaissons maintenant, ou celle qui sera notre lot après la révolution.

Dans cet essai je veux explorer pourquoi, dans une société industrielle, une telle ségrégation existe inéluctablement ; pourquoi, sans ségrégation basée sur le sexe ou la pigmentation, sur les diplômes ou la race ou sur l'adhésion à un parti, une société construite sur le postulat de la rareté ne peut exister. Et, pour approcher en termes concrets les formes méconnues de la ségrégation, je veux parler de la bifurcation fondamentale du travail qu'implique le mode de production industriel.

J'ai choisi pour thème le versant occulté de l'économie industrielle, et plus spécifiquement le « travail fantôme ». Il ne s'agit ici ni du travail mal payé ni du chômage ; ce dont je

117

parle, c'est du travail non payé qui est le fait de la seule économie industrielle. Dans la plupart des sociétés, hommes et femmes ont ensemble assuré et régénéré la subsistance de leur foyer grâce à des activités non payées. Chaque foyer produisait lui-même la plus grande part de ce qui lui était nécessaire pour vivre. Ces activités dites de subsistance ne sont pas mon propos. Je m'intéresse à cette forme totalement différente de travail non payé qu'une société industrielle exige comme complément indispensable de la production de biens et de services. Cette forme de servitude non rétribuée ne contribue nullement à la subsistance. Bien au contraire, tout comme le travail salarié elle désagrège la subsistance. J'appelle « travail fantôme » ce complément du travail salarié, à savoir : la plus grande part des travaux ménagers accomplis par les femmes dans leur maison ou leur appartement, les activités liées à leurs achats, la plus grande part du travail des étudiants « bûchant » leurs examens, la peine prise à se rendre au travail et à en revenir. Cela inclut le stress d'une consommation forcée, le morne abandon de son être entre les mains d'experts thérapeutes, la soumission aux bureaucrates, les contraintes de la préparation au travail et bon nombre d'activités couramment étiquetées « vie de famille ».

Dans les sociétés traditionnelles, le travail fantôme est aussi marginal que le travail salarié, donc souvent difficile à identifier. Dans les sociétés industrielles, on estime qu'il va de soi. Et l'euphémisme le dissémine. De puissants tabous s'opposent à son analyse en tant qu'entité. La production industrielle en détermine la nécessité, la dimension et les modalités. Mais il est voilé par l'idéologie de l'ère industrielle selon laquelle toutes les activités auxquelles les gens sont obligés de se livrer dans l'intérêt de l'économie, par une coercition avant tout sociale, ressortissent à la satisfaction des besoins plutôt qu'au travail.

Pour saisir la nature du travail fantôme, nous devons éviter deux confusions. Il n'est pas une activité de subsistance : l'économie formelle s'en nourrit mais non la subsistance sociale ; il n'est pas non plus un travail salarié sous-payé. Il est un travail non payé dont l'accomplissement permet précisément que des salaires soient payés. Je veux insister sur la distinction à faire entre travail fantôme et activité de subsistance, aussi bien que sur la distinction entre travail fantôme et travail salarié, quelque vigoureuses que soient les protestations des syndicalistes, des marxistes et de certaines féministes. Je vais étudier le travail fantôme en tant que forme distincte d'asservissement, presque aussi éloignée du servage que de l'esclavage ou du travail salarié.

Alors que, pour le travail salarié, vous vous préparez, vous postulez et faites vos preuves, pour le travail fantôme vous y êtes destiné, placé et maintenu par l'effet d'un diagnostic supérieur. Vous êtes contraint à sacrifier votre temps, votre peine ou votre dignité, sans contrepartie monétaire. Et pourtant, l'autodiscipline non rétribuée de ce travail de l'ombre devient plus importante que le travail salarié dans la poursuite de la croissance économique.

Dans l'économie industrielle avancée, ces contributions gratuites à la croissance sont devenues le lieu géométrique des formes de discrimination sociale les plus répandues, les moins contestées et les plus déprimantes. Le travail fantôme innommé et méconnu est désormais le principal terrain de discrimination contre la majorité dans toutes les sociétés industrielles. C'est un fait qui ne peut plus être ignoré. Aujourd'hui, la quantité de travail fantôme dévolue à un individu est un indice plus précis de la discrimination à son endroit que la médiocrité de l'emploi où on le confine. La croissance du chômage et celle de la productivité se conjuguent pour susciter le besoin d'orienter toujours plus de gens vers le travail fantôme. La « civilisation des loisirs », l'ère du *self-help,* l' « économie des services » ne sont que des euphémismes pour désigner un spectre grandissant. Pour bien comprendre la nature du travail fantôme, je vais retracer son histoire, histoire parallèle à celle du travail salarié.

« Travail » et « emploi » sont aujourd'hui des mots clefs. Il y a trois siècles, ni l'un ni l'autre n'avaient leur sens actuel. Tous deux restent encore intraduisibles dans de nombreuses langues non européennes. La plupart des langues n'ont jamais eu un mot unique pour désigner toutes les activités considérées comme utiles. Certaines ont un terme spécial pour désigner les activités rémunérées. Ce terme a généralement une connotation de pot-de-vin, corruption, taxation ou extorsion d'intérêts. Aucun de ces mots ne recouvre ce que nous appelons « travail ». Voici trois décennies que les agences du gouvernement de Djakarta tentent d'imposer un terme unique, *bekerdja,* au lieu de la demi-douzaine de mots employés pour désigner les activités productives. Soekarno avait considéré ce monopole d'un terme unique comme un pas décisif dans la création d'une langue malaise pour la classe ouvrière. Les planificateurs du langage furent relativement suivis par les journalistes et les dirigeants syndicaux. Mais les gens continuent à employer des termes différents selon les activités dont ils parlent : familiales, communautaires, astreignantes, bureaucratiques, qu'elles soient ou non rémunérées. D'un bout à l'autre de l'Amérique latine, les gens éprouvent moins de difficultés à effectuer la tâche rétribuée qui leur est assignée qu'à saisir ce que le patron veut dire par *trabajo.* Pour les chômeurs laborieux de Mexico, *desempleado* qualifie toujours un fainéant désœuvré dans son emploi bien payé et non celui que les économistes appellent « chômeur ».

Pour les Grecs de l'époque classique, et plus tard les Romains, travailler de ses mains, ou sous un chef, ou pour un profit commercial, était une activité servile qu'il fallait laisser aux petites gens et aux esclaves. En théorie les chrétiens auraient dû considérer le travail comme partie intégrante de la vocation de tout homme. Paul, le fabricant de tentes, avait essayé d'introduire l'éthique juive du travail dans la chrétienté : « Si quelqu'un ne veut pas travailler, qu'il ne mange pas non plus » (2 Th 3, 10). En fait, cet idéal des chrétiens primitifs fut sérieusement relégué. Dans les monastères occidentaux, sauf lors de courtes périodes de réformes, la devise de saint Benoît « *ora et labora* » était interprétée comme une exhortation à superviser la besogne des frères servants et accomplir l'œuvre de Dieu par la prière. Dès l'Antiquité il existe des termes pour désigner les différents ensembles de tâches dues au seigneur ou à la communauté, mais pas plus la Grèce que le Moyen Age n'ont possédé un terme qui ressemblât à nos « travail » et « emploi ».

Durant toute la période médiévale, ce qu'on entend aujourd'hui par travail, à savoir travail salarié, était signe de souffrance. Il contrastait avec au moins trois autres types de labeurs : les activités multiples grâce auxquelles la majorité des gens créaient leur subsistance, en marge de tout échange monétaire ; les métiers de savetier, barbier, tailleur de pierre ; les diverses formes de mendicité grâce auxquelles des gens vivaient de ce que d'autres partageaient avec eux. En principe, la société médiévale avait une place pour tous ceux qu'elle reconnaissait comme ses membres. Sa structure formelle excluait tout chômage ou indigence. Quiconque se consacrait à un travail salarié — non pas occasionnellement pour apporter quelque chose au foyer, mais en tant que moyen d'existence permanent — révélait clairement à la communauté que, au même titre que la veuve ou l'orphelin, il était sans feu ni lieu et dépendait donc de l'assistance.

En septembre 1330 mourut à Florence un riche drapier qui léguait sa fortune aux indigents. La Guilde d'Or San Michele était chargée de distribuer ses biens. Dix-sept mille bénéficiaires furent choisis et enfermés à minuit dans les églises disponibles. A sa sortie, chacun reçut son legs. Mais comment ces indigents furent-ils sélectionnés ? Nous le savons grâce aux archives des Charités des guildes dans la Florence proto-industrielle. On y voit les catégories d'indigents : l'orphelin, la veuve, la victime d'un récent malheur, le chef de famille totalement dépendant d'un travail salarié ou obligé de payer un loyer pour abriter les siens. La nécessité de pourvoir à tous les besoins vitaux par un travail salarié était signe de totale impuissance à une époque où le mot pauvreté désignait bien plus une attitude estimable qu'une condition économique. Le pauvre était le contraire du *potens*, du puissant, et non pas du *dives*, du riche. Il n'était pas le misérable. Jusqu'à la fin du XIIe siècle, le terme de pauvreté recouvrait avant tout un détachement réaliste des choses éphémères. La nécessité de gagner sa vie par un travail salarié était la marque de ceux qui avaient touché le fond, de ceux qui étaient trop infortunés pour s'ajouter simplement à l'énorme foule médiévale des infirmes, des exilés, des pèlerins, des fous, des frères, des errants, des sans-foyer qui constituaient le monde des pauvres. Le fait de dépendre d'un salaire était le signe que le travailleur n'avait ni un foyer à la subsistance duquel il pourrait contribuer ni la capacité de subsister des aumônes de la société. On pouvait discuter du droit à la mendicité mais l'idée d'un droit au travail était hors de question.

Pour éclairer le droit à la mendicité, qu'on me permette de citer un sermon de Rathier de Vérone, prononcé en 834, près d'un demi-millénaire avant l'exemple florentin. Ce sermon est une exhortation morale à propos des droits et des devoirs des mendiants :

> Vous vous plaignez de votre faiblesse. Remerciez plutôt Dieu, ne vous plaignez pas et priez pour ceux qui vous maintiennent en vie. Et vous, là-bas, bien que vigoureux, vous vous plaignez du fardeau de vos nombreux petits. Alors, éloignez-vous de votre épouse, mais non sans avoir d'abord obtenu son consentement, et travaillez de vos mains afin de pouvoir vous nourrir et en nourrir d'autres. Vous dites que vous ne pouvez le faire. Alors, pleurez sur votre faiblesse, qui pèse lourdement sur vous. Mendiez avec modération ce qui vous est nécessaire, abstenez-vous de tout ce qui est superflu... Prenez soin des malades, réconfortez les agonisants et lavez les morts.

Rathier parle ici d'un droit à la mendicité qui, pendant mille ans, ne fut jamais contesté.

Cette aversion du travail salarié, la majorité du monde contemporain l'éprouve toujours. Mais, avec l'actuelle prépondérance de l'économique dans la langue usuelle, les gens sont privés de mots pour exprimer directement leurs sentiments. Il faut lire une lettre que j'ai reçue d'un Mexicain de vingt-trois ans, dans laquelle transparaît clairement cet ébahissement traditionnel à l'égard de ceux qui dépendent totalement du travail salarié. Miguel, mon correspondant, est le fils d'une veuve qui a élevé ses quatre enfants en cultivant des radis qu'elle vendait au marché local, sur une natte à même le sol. Outre les enfants, il y avait toujours chez elle des

étrangers qui y mangeaient et dormaient. Miguel avait été
invité en Allemagne par un monsieur Müller, instituteur à
l'école primaire de son village natal, qui, en cinq ans, avait
rénové partiellement une vieille maison, lui ajoutant une
chambre d'amis. Miguel accepta l'invitation car il voulait
s'initier à la photographie d'art chez Leitz. Il projette de
constituer une documentation photographique sur les méthodes traditionnelles de tissage.

N'étant pas entravé par un bagage scolaire, Miguel apprit
rapidement à parler l'allemand. Mais il ne parvenait pas à
comprendre les gens. Dans sa lettre, écrite après six mois de
séjour en Allemagne, il racontait : « Señor Müller se conduit
comme *todo un señor* (en français : un homme de bien), mais
la plupart des Allemands se conduisent comme des indigents
qui auraient trop d'argent. Il n'en est aucun qui puisse aider
l'autre. Pas un qui semble avoir une maison lui permettant
d'intégrer des gens chez lui — dans son foyer. » Je crois que
les commentaires de Miguel reflètent bien la situation et les
attitudes d'un millénaire révolu : les gens qui vivaient grâce à
un salaire étaient ceux dont le foyer ne pouvait subsister par
lui-même, qui étaient privés des moyens de pourvoir à cette
subsistance et se sentaient incapables d'offrir à d'autres une
subsistance. Pour Miguel, l'image du travail salarié n'est pas
encore figée de l'autre côté du miroir.

Mais pour le monde occidental, le travail a traversé le
miroir entre le xviie et le xixe siècle. L'agression écologique
avait pris son essor avec la destruction la plus significative et la
moins reconnue : l'élimination progressive des valeurs d'utilisation commune du milieu, facteurs des activités de subsistance. Au lieu d'être une preuve de dénuement, les salaires en
vinrent à être considérés comme une preuve d'utilité. Au lieu
d'être un supplément à la subsistance, ils en vinrent à être
tenus — par ceux qui les payaient — comme la source
naturelle des moyens d'existence des populations. On trouve
une illustration des débuts de l'idéologie sous-jacente à cette
attitude en 1777, à peine douze ans avant la Révolution
française. L'Académie de Châlons-sur-Marne avait mis au
concours une dissertation sur le sujet suivant : « Comment

abolir la mendicité généralisée d'une manière qui profite à la fois à la Couronne et aux pauvres. » Cette initiative reflète la prolifération de la mendicité en un temps où se développaient la privatisation, la proto-industrie et les valeurs bourgeoises. Elle reflète aussi une nouvelle signification économique de la pauvreté, condition qui désormais est l'inverse non plus de celle des puissants mais des possédants. Le prix du concours fut décerné à un essai dont les premières phrases résument la thèse : « Depuis des siècles on cherche la pierre de la sagesse. Nous l'avons trouvée. C'est le travail. Le travail salarié, voilà la source naturelle de l'enrichissement pour les pauvres. »

L'auteur est encore un lettré, successeur du clerc. Il sait, lui, qu'il vit d'une sinécure, d'un bénéfice ou d'une forme de libéralité quelconque. A son travail intellectuel, il n'appliquerait jamais d'aussi prodigieux pouvoirs de transformation. Il soutiendrait son droit à une mendicité de haut niveau. Il est bien loin de la naïveté du professeur moderne qui s'estime un vrai travailleur, certes en col blanc, mais socialement productif, gagnant légitimement sa vie. L'un et l'autre, pourtant, appellent la même remarque : ceux qui, depuis le XVIIIᵉ siècle, dissertent sur le travail, sa valeur, sa dignité, ses joies, écrivent toujours sur le travail que font les autres.

L'essai reflète aussi l'influence de la pensée hermétique ou alchimique sur la théorie sociale. Le travail est présenté comme la pierre de sagesse, la panacée, l'élixir magique qui transforme en or tout ce qu'il touche. La nature se transforme en biens et en services marchands au contact du travail qui la transmue. C'est la position fondamentale des économistes classiques, d'Adam Smith et Ricardo à Mill et Marx, même s'ils reconnaissent, chacun à sa façon, la contribution du capital et des ressources dans la valeur. Marx a remplacé le langage alchimique de la fin du XVIIIᵉ siècle par celui de la chimie, en vogue à son époque. La perception hermétique de la valeur détermine encore aujourd'hui le caractère de l'éthique sociale, bien qu'en économie la théorie de la valeur-travail ait été remplacée d'abord par la théorie de l'utilité, puis par la pensée post-keynésienne, et finalement par la totale confusion où l'on se trouve aujourd'hui, et qui justifie cette opinion d'un contemporain que « les économistes conçoivent le monde en des termes qui passent à côté de ses caractéristiques essentielles ou n'en donnent qu'une image déformée ». Les économistes ne sont pas plus au clair sur le travail que les alchimistes ne l'étaient sur l'or.

L'essai primé en 1777 est remarquable aussi par la date tardive à laquelle, en France, fut considérée comme nouvelle une solution consistant à contraindre les pauvres au travail utile. Jusqu'au milieu du XVIIIe siècle les hospices français étaient fondés sur l'idée chrétienne médiévale que le travail forcé était la punition du péché ou du crime. Dans l'Europe protestante et dans quelques cités italiennes déjà industrialisées, c'est un siècle plus tôt que ce point de vue avait été abandonné. Les méthodes et équipements novateurs des *workhouses* de la Hollande calviniste ou de l'Allemagne du Nord le prouvent abondamment. Ces établissements étaient organisés et aménagés pour guérir la paresse et développer la volonté de faire le travail assigné. Ils étaient conçus et construits pour transformer les mendiants inutiles en travailleurs utiles. En tant que tels, ils étaient tout le contraire des organisations charitables du Moyen Age. Fondées pour recevoir les mendiants arrêtés par la police, les *workhouses* les « mettaient au régime » : quelques jours de jeûne et une ration quotidienne bien calculée de coups de fouet. Suivait un traitement par le travail au moulin de discipline dit l' « écureuil » et à l'écouane (variété de râpe pouvant entamer des matières très dures), jusqu'à ce qu'on fût assuré que le pensionnaire était transformé en travailleur utile. On y trouve même des solutions pour les cas critiques. A Amsterdam, les récalcitrants au travail étaient jetés dans une fosse constamment inondée, où ils ne pouvaient survivre qu'en pompant frénétiquement toute la journée. Ce n'est pas seulement dans leurs méthodes pédagogiques mais aussi dans leurs techniques de formation à l'autosatisfaction que ces institutions sont les véritables précurseurs de l'école obligatoire. Selon des documents qu'elles nous ont laissés, les patients soignés avec succès contre la fainéantise s'en félicitaient hautement.

Même si ces témoignages de reconnaissance des victimes

étaient authentiques, ils ne reflétaient certainement pas le sentiment populaire. Les indigents du xviiie siècle, qui entraient dans la dénomination générale de « pauvres », résistaient violemment aux efforts pour les rendre aptes au travail. Ils hébergeaient et défendaient ceux que la police pourchassait comme « mendiants » et que le gouvernement essayait de guérir de leur inutilité sociale afin de protéger contre ces vagabonds les pauvres moins gênants.

Même les gouvernements les plus durs semblent avoir échoué dans leurs raids. La foule restait ingouvernable. En 1747, le ministre de l'Intérieur de Prusse menaçait d'un châtiment sévère quiconque entraverait l'action de la police des pauvres :

> ... du matin au soir nous faisons patrouiller cette police dans nos rues pour mettre fin à la mendicité... Mais dès que des soldats, des étudiants ou la foule se rendent compte qu'on arrête un mendiant pour l'emmener à l'asile, ils s'ameutent, rossent nos hommes, les blessant parfois grièvement, et libèrent le mendiant. Il est devenu presque impossible d'envoyer la police des pauvres dans la rue...

Au cours des trente années qui suivirent, sept mesures analogues furent décrétées.

Tout au long du xviiie siècle et durant une grande partie du xixe, le projet de l'Alchimie économique ne reçut aucun écho d'en bas. Les gens du peuple se révoltaient. Emeutes pour un juste prix du blé, émeutes contre l'envoi de leur blé dans d'autres régions, émeutes au secours des prisonniers pour dettes. Ils se sentaient dans leur droit quand la loi semblait ne pas coïncider avec leur tradition de justice. La foule proto-industrielle défendait ce que E. P. Thompson a appelé son « économie morale ». Et elle se révoltait contre les atteintes au fondement social de cette économie : contre l'enfermement des moutons dans des clôtures et maintenant celui des mendiants. Et lors de ces émeutes, la foule était le plus souvent menée par les femmes.

Que s'est-il donc passé pour que cette foule proto-industrielle séditieuse défendant son « droit » à la subsistance se transforme en masse laborieuse défendant par la grève ses « droits » au salaire familial ? Quel fut le mécanisme social qui réussit là où les nouvelles lois des pauvres et les *workhouses* avaient échoué ? Ce fut la division économique du travail en catégorie productive et catégorie non productive instaurée par le renfermement des femmes... à la maison.

Une division économique des sexes sans précédent, une conception économique de la famille sans précédent, un antagonisme sans précédent entre les sphères domestique et publique firent du salariat le corollaire indispensable de la vie. Tout cela s'opéra en plaçant les femmes à la maison sous la tutelle des travailleurs mâles et en faisant de cette tutelle un devoir pénible. On en arriva à parquer les femmes alors qu'on n'avait pas réussi à parquer moutons et mendiants.

Le brusque abandon de la lutte pour la subsistance et le fait que cet abandon passa inaperçu ne se comprennent qu'en mettant en évidence la création simultanée du travail fantôme et de la théorie selon laquelle la femme, de par sa nature scientifiquement établie, était destinée à l'accomplir. D'un côté on encourageait les hommes à se réjouir de leur nouvelle condition au sein de la classe laborieuse, de l'autre, les femmes étaient subrepticement redéfinies comme matrices ambulantes, et à temps complet, de la société. Philosophes et médecins s'accordèrent pour « éclairer » la société sur la vraie nature du corps et de l'âme de la femme. Cette nouvelle conception de sa « nature » la destinait inexorablement à des activités dans un type de foyer qui l'excluait du travail salarié aussi efficacement qu'il lui interdisait toute contribution à la subsistance familiale. En pratique, la théorie de la valeur-travail fondait la nouvelle division économique des sexes, elle transformait l'homme en catalyseur d'or et dégradait la femme confinée à la maison en ménagère économiquement dépendante et, pour la première fois, improductive. Telle que Kant l'a décrite, elle était désormais la belle propriété, le fidèle soutien de l'homme et, à ce titre, il lui fallait le refuge du foyer.

La guerre bourgeoise contre la subsistance n'obtint une

adhésion massive que lorsque le « bas peuple » fut transformé en honnête classe laborieuse, composée d'hommes et de femmes économiquement distincts. En tant que membre de cette classe, l'homme se retrouva de connivence avec son patron : tous deux se préoccupaient pareillement de l'expansion économique et de la suppression de la subsistance. Mais cette collusion fondamentale entre capital et travail dans la guerre contre la subsistance était voilée par le rituel de la lutte des classes. En tant que chef d'une famille qui dépendait de plus en plus de son salaire, l'homme était incité à se considérer comme assumant le poids de tout le travail légitime de la société, et à voir en sa femme la gardienne improductive d'un foyer inévitable qui profitait de lui. Dans et par la famille, les deux formes complémentaires du travail industriel avaient fusionné : travail salarié et travail fantôme. Homme et femme, affectivement aliénés des activités de subsistance, devinrent le mobile de leur exploitation mutuelle au bénéfice du patron et de l'accumulation de deux types de biens de capital : d'un côté les instruments au service desquels s'effectue le travail salarié, de l'autre, les biens de capital liés au travail fantôme. On oublie trop souvent que le travail fantôme est devenu une activité hautement capitalisée, et qu'en calculant son *shadow price* ce fait doit être pris en considération. Les investissements dans la maison, le garage et la cuisine reflètent la disparition des conditions de subsistance et sont l'indice du monopole croissant d'une économie fantôme. Cependant, le labeur fantôme sur lequel cette économie se fonde a été constamment travesti. Quatre de ces travestissements prévalent encore aujourd'hui, et un cinquième est à l'horizon :

1. Le premier invoque la biologie. Il décrit la relégation de la femelle dans son rôle de ménagère maternante comme la condition nécessaire et universelle permettant aux mâles d'aller à la « chasse au job ». Quatre disciplines modernes concourent à légitimer ce postulat. Des éthologues décrivent les guenons comme des ménagères gardant le nid tandis que les mâles chassent dans les arbres. En partant de cette projection des rôles familiaux sur les singes, ils déduisent que

garder le nid est le rôle spécifique du sexe féminin, tandis que le vrai travail, à savoir la conquête des ressources rares, est la tâche du sexe masculin. De là on induit le mythe du puissant chasseur comme constante transculturelle, fondement comportemental des humanoïdes, dérivant d'un substrat biologique commun aux mammifères supérieurs. Les anthropologues redécouvrent irrésistiblement chez les sauvages les traits de leurs propres papas et mamans et trouvent dans les tentes, les huttes et les cavernes les caractéristiques des appartements dans lesquels ils ont été élevés. Dans des centaines de cultures ils collectionnent les preuves que les femmes furent de tout temps handicapées par leur sexe, bonnes à fouir le sol plutôt qu'à chasser, et gardiennes du foyer. Des sociologues comme Parsons partent de la fonction d'une famille qu'ils sont à même d'étudier et, pour éclairer les autres structures sociétales, se servent de cette répartition sexuée des rôles au sein de la famille. Enfin, les sociobiologistes de droite et de gauche passent un vernis contemporain sur l'ancien mythe des Lumières selon lequel la femelle s'adapte au mâle.

A la base de ces quatre affirmations dues à des experts, on trouve une confusion fondamentale entre la répartition des tâches par sexe, caractéristique de chaque culture, et la bifurcation économique strictement moderne dans l'idéologie du travail au XIXᵉ siècle, qui instaure entre les sexes une ségrégation jusqu'alors inconnue : lui, avant tout producteur ; elle, avant tout vouée aux tâches domestiques. Cette distinction économique du rôle des sexes était impossible dans des conditions de subsistance. Elle utilise une tradition travestie pour légitimer la dichotomie croissante entre consommation et production en définissant comme *non-travail* ce que font les femmes.

2. Le second masque qui cache le travail fantôme consiste à le confondre avec la « reproduction sociale ». Ce terme est une malencontreuse étiquette dont les marxistes se servent pour classer les diverses activités non compatibles avec leur idéologie du travail mais qui n'en doivent pas moins être assumées par quelqu'un — par exemple, tenir la maison du travailleur salarié. On l'applique négligemment à ce que la

plupart des gens faisaient la plupart du temps dans la plupart des sociétés, à savoir des activités de subsistance. De même, ce terme désignait des activités qui, à la fin du XIXe siècle, étaient encore considérées comme du « travail salarié non productif », celui des enseignants ou des travailleurs sociaux. La reproduction sociale inclut la plus grande partie de ce que, de nos jours, tout le monde fait à la maison. L'étiquette de travail reproductif déjoue ainsi toute chance de saisir la différence entre la contribution fondamentale et vitale de la femme à l'économie de subsistance et son enrôlement gratuit dans la reproduction de la main-d'œuvre industrielle — *les femmes non productives doivent se contenter de « re-production »*.

3. Le troisième stratagème qui masque le travail fantôme, c'est l'affectation de valeurs économiques mesurables aux comportements hors marché monétaire. Toutes les activités non chiffrables par un prix sont amalgamées dans le prétendu « secteur informel ». Tandis que les anciens économistes construisaient leurs théories sur le postulat que toute consommation matérielle implique la satisfaction d'un besoin, les nouveaux économistes vont plus loin : pour eux, toute décision humaine est la manifestation d'une recherche préférentielle de satisfaction. Ils construisent des modèles économiques pour le crime, les loisirs, les études, la fertilité, la discrimination et les comportements électoraux. Le mariage ne fait pas exception. Ainsi G. Becker part du postulat d'un marché du sexe en équilibre et tire de là des formules qui décrivent la « répartition des *outputs* entre conjoints ». D'autres calculent la valeur ajoutée au « plateau-télévision » du fait que la ménagère, par une activité non payée, l'a choisi, réchauffé et servi. De là à préconiser une judicieuse organisation du *self-help* chez les chômeurs, il n'y a qu'un pas — franchi par certains. Dans cette perspective, leur « production non monétarisée » en vue de leur « autoconsommation » constituerait la contribution d'un « secteur quaternaire » ou « informel » à l'économie nationale nettement supérieure à celle des « travailleurs ». Une tâche importante des années qui viennent serait de valoriser cette productivité sociale —

jusqu'à présent désorganisée par les idiosyncrasies féminines. En effet, pour les disciples de Milton Friedman, l'essence même des activités de la femme, c'est de faire l'amour bourgeois ou autres besognes de ce genre. *C'est ce tiers monde chez nous* qu'il faut finalement développer.

4. Un quatrième masque est placé sur le travail fantôme par la majorité des féministes qui se penchent sur les tâches ménagères. Elles savent que c'est un travail pénible, elles fulminent parce qu'il n'est pas payé. A l'inverse de la plupart des économistes, elles considèrent que le salaire perdu, loin d'être insignifiant, est considérable. De plus, certaines d'entre elles croient que le travail des femmes a beau être « non productif », il est cependant la principale source du « mystère de l'accumulation primitive » — contradiction sur laquelle même Marx avait buté. Elles ajoutent des verres teintés féministes aux lunettes marxistes. Dans leur optique, la ménagère est mariée à un patriarche salarié dont la paye, et non le pénis, est le premier objet d'envie. Elles ne semblent pas avoir remarqué que la redéfinition de la nature de la femme, après la Révolution française, alla de pair avec celle de l'homme. Ainsi sont-elles doublement aveugles à la conspiration des ennemis de classe du XIXe siècle au service de la croissance et à sa réactivation par un genre inédit de guerre entre les sexes au sein du foyer. La question de la bataille domestique tourne aujourd'hui autour du rôle abstrait de chaque sexe dans la société et non sur qui porte la culotte à la maison. Cette vision *pro domo* des féministes a contribué à mettre publiquement en lumière la nature dégradante du travail non payé dans la société moderne, mais leur choix d'un combat par mouvements féministes interposés les a amenées à obscurcir la question majeure : le fait que les femmes modernes sont mutilées parce que contraintes à un travail qui, tout à la fois, en termes d'économie n'est pas rémunéré, et en termes de subsistance est stérile.

5. Récemment cependant, quelques nouvelles historiennes du travail féminin sont allées au-delà des catégories et des approches classiques. Elles refusent de considérer leur sujet à travers des filtres académiques d'emprunt ; elles préfèrent

jeter un regard « prosaïque ». Elles examinent les façons de dire et les façons de faire : accouchement, allaitement, ménage, prostitution, viol, linge sale et discours salaces, amour maternel, enfance, avortement, ménopause. Elles démontrent comment les gynécologues, les architectes, les laboratoires pharmaceutiques et les historiens mâles sont allés fouiner dans ce fourre-tout pour créer des symptômes et commercialiser de nouvelles thérapies. Certaines d'entre elles vont décrypter dans les bidonvilles la vie de famille des femmes du tiers monde industriel et l'opposent à la vie du *campo* ou du *kampung*. D'autres encore explorent le « travail dévoué » tel qu'il fut inventé pour les femmes dans les quartiers, les hôpitaux et les partis politiques.

Les pionnières qui s'aventurent à regarder la société industrielle depuis ses soubassements obscurs et boueux mettent en lumière et dissèquent des formes d'oppression jusqu'alors cachées. Ce qui nous est rapporté n'entre pas dans les « -ismes » et « -logies » disponibles. En ne considérant pas d'en haut les effets de l'industrialisation, leurs découvertes s'avèrent fort différentes des sommets que décrivent les managers, différentes aussi des abîmes où se sentent plongés les travailleurs ou des principes que les idéologues imposent. Et leurs yeux voient autrement que ceux des explorateurs ethno-anthropologiques, que leur formation a davantage préparés à observer les Zandes ou à reconstituer la vie d'un curé de village dans la Provence médiévale. Des recherches aussi anticonventionnelles violent aujourd'hui un double tabou universitaire et politique établi depuis longtemps : l'ombre qui cache la double et indivisible nature du travail industriel, et l'interdiction d'inventer des termes neufs pour la décrire.

Alors que les suffragettes des sciences sociales semblent obsédées par ce que leur enfermement leur a injustement dénié, les analystes de l'intimité féminine reconnaissent aux travaux ménagers un caractère *sui generis*. Elles font coïncider la perte de la vie vernaculaire, orientée vers la subsistance, avec la destruction d'une distribution binaire de toutes les tâches concrètes identifiables — code caractéristique pour chaque culture — et l'imposition par l'Etat d'une dichotomie sans précédent. Elles détectent la propagation dans divers pays, entre 1780 et 1860, et à des rythmes différents, d'une « ombre » neuve, qui tombe davantage sur ce que font les femmes. Elles rendent compte d'une nouvelle vie dont les frustrations ne sont pas moins pénibles, même s'il arrive qu'elles soient artistement maquillées. Elles décrivent comment ce travail *sui generis* fut exporté avec le salariat hors des confins de l'Europe. Et elles observent que partout où les femmes passèrent au second rang sur le marché de l'emploi, leur travail non payé fut profondément modifié. Parallèlement à l'organisation du travail salarié de second rang pour les femmes — d'abord à la machine à coudre, puis à la machine à écrire, et finalement au standard et au terminal informatique —, quelque chose de tout nouveau apparut : le confinement de la femme au foyer.

Cette métamorphose du travail ménager est particulièrement évidente aux Etats-Unis parce qu'elle s'y est produite brutalement. En 1810, l'unité de production courante en Nouvelle-Angleterre était encore le foyer rural. Salaisons et conserves, chandelles et savons, filage, tissage, confection de souliers, d'édredons et de tapis, élevage de volailles et cultures potagères, tout cela s'effectuait dans l'espace domestique. Le foyer américain pouvait aussi tirer quelque argent de la vente de ses produits et des emplois occasionnels de ses membres, mais il était très largement autosuffisant. Même quand de l'argent passait effectivement de main en main, l'achat et la vente se faisaient souvent sur la base du troc. Dans l'autonomie domestique, les femmes avaient un rôle aussi actif que les hommes. Venaient-elles à s'employer qu'elles ramenaient à la maison à peu près les mêmes salaires qu'eux. Economiquement, elles étaient encore les égales des hommes. Au surplus, elles tenaient d'habitude les cordons de la bourse. Au tournant du siècle, elles se consacraient aussi activement que les hommes à nourrir, habiller et équiper la nation. En 1810, en Amérique du Nord, vingt-quatre yards de laine sur vingt-cinq étaient d'origine domestique. En 1830, ce tableau avait changé. L'agriculture commerciale avait commencé à remplacer les fermes subsistant par elles-mêmes. Le salariat était devenu courant, et dépendre d'un travail salarié occasionnel commençait à être ressenti comme un signe de pauvreté. La femme, autrefois maîtresse d'un foyer qui pourvoyait aux besoins de la famille, devenait maintenant la gardienne d'un lieu où les enfants ne restaient que jusqu'au moment où ils se mettaient à travailler, où le mari se reposait, et où on dépensait ce qu'il gagnait. Ann Douglas a appelé cette métamorphose des femmes leur « *disestablishment* », terme qu'emploie la Constitution des Etats-Unis pour indiquer la séparation radicale de l'Eglise et de l'Etat — le clergé conservant la plénitude de ses droits civils. En fait, nous voici ramenés directement aux aspirations et aux anxiétés cléricales de l'époque. De même que le clergyman venait d'être confiné à un domaine strictement ecclésiastique, les femmes devaient maintenant s'estimer flattées — encore que contraintes — de s'en tenir à leur sphère propre, où leur éminente fonction était dûment encensée. En même temps que leur égalité au niveau économique, elles perdirent grand nombre de leurs prérogatives légales, y compris le droit de vote. Elles disparurent des métiers traditionnels — notamment de l'obstétrique, où elles furent évincées par les accoucheurs — et l'accès aux nouvelles professions leur fut barré. Leur ségrégation économique reflétait le déplacement de la satisfaction des besoins domestiques essentiels, désormais confiée à des produits créés par le travail salarié de gens dont l'activité s'exerçait hors de leur foyer. Privée de subsistance, marginale sur le marché de l'emploi, la ménagère en était réduite à la tâche frustrante qui consiste à organiser la consommation forcée. Le mode d'existence qui me semble en passe de devenir caractéristique, en 1980, pour les hommes et les enfants, était déjà bien connu dans les années 1850 d'un nombre croissant de femmes.

Les nouvelles historiennes des sensibilités et des mentalités féminines concentrent ostensiblement leur étude sur le travail des femmes. Mais, en fait, elles nous ont donné le premier tableau cohérent dressé par des historiennes compétentes parlant en vaincues dans la guerre contre la subsistance. Elles nous offrent, élaborée dans l'ombre échappant aux projecteurs économiques, une histoire d'un type de travail nouveau, écrite par celles qui sont contraintes de l'exécuter. Et si ce sont les femmes qui constituent directement le sujet d'étude, l'ombre décrite porte bien au-delà des besognes de mère ou d'épouse. Inéluctablement elle s'étend avec le progrès, s'étale avec le développement de la sphère économique, empiétant toujours plus loin sur la vie des hommes et des femmes, au point de ne plus laisser paraître un seul jour de ciel entièrement bleu. La ménagère restera probablement à jamais l'image type de cette existence d'ombre tout comme l'homme en bleu de travail survivra au microprocesseur en tant qu'image type du « travailleur industriel ». Mais *concevoir cette autre face de l'existence industrielle comme le travail féminin tout court serait le cinquième et ultime travestissement.* Ce serait faire disparaître définitivement la réalité individuelle de la femme derrière un sexe inventé par des féministes pour s'en assurer le contrôle économique. C'est pourquoi je propose le terme de *shadow-work,* ou *Schattenarbeit,* ou *travail fantôme* pour désigner une réalité sociale dont le travail ménager moderne n'est que le prototype. Si l'on tient compte, par ailleurs, de l'augmentation du chômage et du nombre croissant de gens maintenus dans un emploi fictif, il devient évident que dans notre société post-industrielle le travail fantôme est bien plus courant que le travail rétribué. Je crains fort qu'au tournant du siècle le travailleur « productif » ne constitue plus que l'exception.

Travail salarié et travail fantôme sont nés ensemble. Ils sont tous deux pareillement aliénants, mais de façon extrêmement différente. Le principal moteur de l'asservissement au travail fantôme, ce fut le couplage économique des sexes. La famille bourgeoise du xixᵉ siècle, composée du salarié et des personnes à sa charge, remplaça le foyer centré sur la subsistance. *Femina domestica* et *vir laborans* étaient conjoints dans une impuissance complémentaire typique de l'*homo economicus.* Mais il fallait à l'expansion économique beaucoup plus que ce modèle primaire d'asservissement au travail fantôme : c'est la consommation obligatoire qui assure aux capitalistes leur profit, de même que l'impuissance à laquelle se savent

135

condamnés leurs clients assure aux professionnels leur pouvoir. Le travail fantôme sert plus efficacement capitalistes et commissaires que le travail salarié. La famille, ce « couplage économique », leur fournit un modèle de dépendance plus complexe et plus subtilement mutilant. De même qu'au xixe siècle la femme fut renfermée dans l'appartement, l'élève est parqué dans l'école, le malade dans l'hôpital, les services s'arrogeant le droit d'agir pour leur bien — et leur bien étant défini par d'autres qu'eux-mêmes. Ainsi cet asservissement passe aujourd'hui par l'intermédiaire d'agents sociaux revêtus du pouvoir de rendre un diagnostic. Le mot « diagnostic » signifie littéralement « discernement » : c'est une distinction opérée par un acte de connaissance fondé sur une capacité d'expert. De nos jours, il désigne l'acte par lequel une profession vous définit comme nécessitant ses services.

Toute profession imposant à des clients la nécessité de dépendre de ses services ne peut faire mieux que de leur imposer le travail fantôme correspondant. Les professions médicales et pédagogiques constituent l'exemple type de ces mutilantes interventions supérieures. Elles imposent le travail fantôme de consommation de services à leurs clients et s'en font payer, soit directement, soit indirectement par le biais des cotisations de sécurité sociale. De la sorte, les professionnels modernes de la « prise en charge » renforcent encore un peu plus l'asservissement de la famille moderne au travail : ces spécialistes créent précisément les choses frustrantes que, dans la famille du xixe siècle, les femmes étaient contraintes de faire ou de fabriquer sans contrepartie monétaire. La création du travail fantôme supervisé par des professionnels est devenue la grande affaire de la société. Et ceux qu'on paie pour cette création, voilà l'élite de notre temps. De même que le travail ménager n'est que la frange la plus visible du travail fantôme, l'ingénierie gynécologique de la mère de famille n'est que la forme la plus impudente du diagnostic à l'échelle de la société tout entière. En définissant par exemple les seize niveaux d'inaptitude relative des laissés-pour-compte du système scolaire, on impose aux couches les plus basses et les plus vastes de la société des fardeaux disproportionnés de travail fantôme, et cela de façon bien plus subtile que ne pourraient jamais le faire le sexe ou la race.

La découverte du travail fantôme pourrait s'avérer, pour l'historien, aussi importante que le fut naguère celle des cultures populaires ou de la paysannerie comme sujet d'étude. Karl Polanyi et les grands historiens français des *Annales* inaugurèrent l'étude des pauvres, de leur mode de vie, de leurs sensibilités et de leurs conceptions du monde. Ils firent accéder au domaine de la recherche historique la subsistance des faibles et des illettrés. L'étude de la femme sous l'action de l'industrialisation peut constituer une seconde tête de pont — celle-ci sur un autre *no man's land* de l'histoire. Mais les formes d'existence typiques de la société industrielle, et d'elle seule, demeureront invisibles aussi longtemps que l'étude de cette société se fondera sur ses propres présupposés, qu'ils concernent la rareté, le désir, le sexe ou le travail. Et seule la découverte de ce domaine d'ombre, distinct à la fois des cultures populaires survivantes et du champ de l'économie politique et sociale, va permettre à ceux qu'André Gorz appelle les « post-prolétaires » de se transformer en sujets d'histoire. Pour comprendre la nouveauté historique de la société industrielle, il ne suffit pas de voir que sa dépendance vis-à-vis de la marchandise la distingue de l'orientation vers la subsistance commune à toutes les autres — perspective qui constituerait pourtant déjà un pas important. Il faut encore voir sa bifurcation interne — voir l'économie marchande dans la perspective de son complément fantôme. Dans cette perspective, l'histoire moderne est celle du diagnostic progressif et d'une discrimination radicalement nouvelle. La guerre contre les cultures populaires et les valeurs vernaculaires n'aurait jamais été remportée si celles et ceux qui allaient être privés de la subsistance n'avaient d'abord accepté d'être parqués dans des sphères distinctes et, par là, rendus impuissants.

La création de la ménagère annonçait un apartheid sans précédent, un apartheid sexuei. Mais elle illustrait aussi un type de conscience où le désir devait forcément devenir mimétique. Présenter, comme on le fait généralement, cette ligne de démarcation entre production et consommation comme une extension de frontières ayant de tout temps existé entre les gens est aussi futile que de prétendre du travail industriel qu'il est une extension de ce qu'ils ont fait de tout temps — l'une et l'autre démarche servent le même travestissement. Elles préservent le tabou qui protège la vie occultée de notre temps. Quant à vouloir interpréter le statut actuel de la femme comme une version moderne du gynécée, c'est simplement ignorer le problème. De même, considérer la relégation dans les *Homelands* sud-africains comme une réinstallation moderne — fondée sur les attitudes traditionnelles à l'égard des pigmentations différentes —, c'est ignorer totalement la signification de la discrimination raciale. Et ceux qui voient dans le *zek* du Goulag avant tout un esclave n'ont rien compris au slogan que seul un Hitler osa afficher : « *Arbeit macht frei.* » Ils ne comprendront jamais qu'une société est capable d'exiger d'hommes et de femmes — ici, les Juifs dans le camp — un travail non payé qui contribuera à leur propre extinction. Enfermement moderne, l'apartheid n'est pas simplement cruel ou dégradant, il comporte toujours une dimension démoniaque. Cette notion, la prose échoue à l'exprimer entièrement. Pour la saisir, il nous faut écouter un poète comme Paul Celan : « *... und Sie schaufeln ein Grab in den Lüften, Sie schaufeln und schaufeln, da liegt Man nicht eng...* » Les formes les plus subtiles de l'apartheid sont capables de détourner notre attention du *mysterium iniquitatis* qui leur est toujours inhérent ; le fascisme d'hier en Allemagne ou celui d'aujourd'hui en Afrique du Sud le prouvent.

La société industrielle tient à ses victimes. Les femmes du XIXᵉ siècle furent parquées, aliénées, dégradées. Elles eurent inévitablement une influence délétère sur le reste de la société. Elles lui fournirent un objet de compassion sentimentale. L'oppression force toujours ses victimes à faire les basses œuvres de la société. Notre société force ses victimes à coopérer à leur propre oppression, qui prend la forme d'une tutélaire sollicitude. Vibrer sentimentalement pour ceux qu'il faudrait aider, sauver ou libérer devient la condition du simple bonheur. Telle est l'histoire que m'a racontée Nadine Gordimer — non à propos des femmes, mais des Noirs. Elle me l'a racontée avec cette « trompeuse banalité qu'affecte devant le profane les gens habitués à être harcelés par la police » — attitude qu'elle attribue à son personnage central, la fille de Burger. Pour elle, point de bonheur ordinaire, car elle est malade. Sa maladie, elle la décrit comme la perte de cette sentimentalité dont dépend aujourd'hui le simple bonheur.

Ann Douglas, l'Américaine, a bien décrit cette sentimentalité. C'est un phénomène complexe qui, dans les sociétés industrielles, est le substrat des religions et des idéologies. Cette sentimentalité se dit attachée précisément aux valeurs que nie la société industrielle. Pour elle, donc, c'est au nom des valeurs à présent attachées à la subsistance — subsistance que la croissance détruit inéluctablement — que la croissance doit justement se poursuivre. Par là, la subsistance se métamorphose en fantôme de l'économie, et la poursuite de ce fantôme devient le but de la croissance. Le sentimentalisme évacue le problème de la discrimination, implicite dans l'opposition entre production et consommation, en manipulant la nostalgie de la subsistance. La glorification sentimentale des victimes de la discrimination — femmes, malades, Noirs, illettrés, sous-développés, drogués, prolétaires — permet de protester solennellement contre un pouvoir devant lequel on a déjà capitulé. Ce sentimentalisme est une imposture indispensable dans une société qui a dévoré son environnement de subsistance.

Une telle société repose sur un renouvellement constant des diagnostics au sujet de ceux dont elle s'arroge la charge. Et grâce à cette imposture paternaliste, les représentants des opprimés peuvent briguer le pouvoir au profit de formes toujours neuves d'oppression.

NOTE : Ce texte a été présenté pour la première fois en français lors du colloque d'ECOROPA à la Gesamthochschule de Cassel, en septembre 1980. M. Edouard Kressmann avait préparé, en collaboration avec Agnès Bertrand et Philippe Litzler, une version française dont la fidélité m'a fait découvrir des faiblesses et des contresens dans l'original anglais. Je saisis l'occasion de les remercier d'un apport qui va assurément au-delà de la simple traduction. Cette version a aussi servi de base au texte publié ici.

GUIDE BIBLIOGRAPHIQUE

Durant l'été 1980, le texte anglais de mon discours sur le « travail fantôme » a été utilisé par bien des petits groupes d'étude comme guide pour un séminaire ou comme jalon d'une semaine d'étude. Dans les rencontres avec l'un ou l'autre de ces groupes, j'ai indiqué les textes que j'avais utilisés récemment sur bon nombre de ces thèmes, sans rattacher ces références à des passages précis de ma conférence. Ce guide, résultat de lectures poursuivies sur un sujet précis, a été traduit par Agnès Bertrand et Philippe Litzler. J'en donne ici une version légèrement refondue, faisant une large place aux œuvres françaises utilisées.

L'histoire de la rareté

Les sciences économiques supposent toujours un postulat de rareté. Ce qui n'est pas rare ne peut pas être soumis à un contrôle économique. Ceci s'applique autant aux marchandises et aux services qu'au travail. Ce postulat de la rareté a imprégné toutes les institutions modernes : l'éducation est basée sur le postulat selon lequel le savoir convoité est rare et le même postulat se retrouve dans la médecine au sujet de la santé, dans les transports à l'égard du temps, les syndicats au sujet du travail. La famille moderne elle-même est basée sur le postulat de la rareté des activités productives. C'est ce postulat de la rareté qui, plus encore que l'organisation nucléaire conjugale du foyer, distingue la famille moderne de celles d'autres époques. L'assimilation du désirable au rare a profondément modelé notre façon de penser, de sentir, et jusqu'à notre perception de la réalité. La rareté, qui dans d'autres sociétés ne concernait qu'un certain nombre de valeurs bien définies — telles que les denrées alimentaires au printemps et en période de guerre, les terres arables, le poivre ou les esclaves —, semble maintenant affecter toutes les valeurs d'intérêt public.

Nous baignons tellement dans le paradoxe d'une société où la rareté s'accroît en fait avec l'augmentation du PNB que nous n'en avons même plus conscience. Ce genre de rareté, que nous considérons comme allant de soi, était — et demeure largement — inconnu en dehors des sociétés hyperproductrices de marchandises. L'histoire de cette conception de la rareté reste pourtant à écrire.

PAUL DUMOUCHEL et JEAN-PIERRE DUPUY, dans les deux essais séparés qu'ils ont publiés sous le titre commun L'Enfer des choses (Paris, Seuil, 1979), ont fait un grand pas en direction d'une telle histoire. Les deux auteurs partent d'une constatation de René Girard, en 1961 : les grands romanciers du XIXe siècle avaient fait une découverte qui a complètement échappé aux spécialistes des sciences sociales. Ces romanciers décrivent une mutation radicale du désir humain et de l'envie. Cette transformation peut déjà être observée dans le *Don Quichotte* de Cervantès, mais elle devient générale à l'époque de Dostoïevski. Selon Girard, ces romanciers bourgeois étaient conscients du fait que le désir, qui, dans les littératures antérieures, avait un objet immédiat, devient triangulaire, mimétique, au XIXe siècle. Leurs personnages vivent dans une société où il est devenu presque impossible de désirer, excepté ce que d'autres, que l'on envie, possèdent ou convoitent. Et quand ces protagonistes poursuivent ainsi l'objet de leurs désirs, ils métamorphosent leur envie en vertu. Quand ils imitent leur modèle ils croient le faire pour se distinguer de lui. Guidés par Girard, les deux auteurs, Dumouchel et Dupuy, localisent la singularité des institutions modernes dans les agencements institutionnels qui entretiennent le désir mimétique et, avec lui, une rareté d'une nature sans précédent. Je dois en bonne partie aux conversations avec J.-P. Dupuy ma décision de poursuivre les recherches sur l'histoire de la rareté et de l'envie.

Sur le « *désir mimétique* » : *la modernisation de l'envie*

La thèse est établie dans le livre de RENÉ GIRARD, *Mensonge romantique et Vérité romanesque*, Paris, Grasset, 1961. Son livre suivant, *La Violence et le Sacré* (Paris, Grasset, 1972), est crucial pour comprendre celui de PAUL DUMOUCHEL et JEAN-PIERRE DUPUY, *L'Enfer des choses*. Certains lecteurs trouveront plus facile de commencer ce livre par l'essai de Dumouchel et de lire ensuite celui de Dupuy. Ce dernier ouvre son exposé par un commentaire de GEORGE M. FOSTER (« The anatomy of envy : a study in symbolic behaviour », *Current Anthropology*, vol. 13, n° 2, avr. 1972, p. 165-202). Cet essai contient une excellente bibliographie et les observations d'une trentaine de spécialistes des sciences sociales à qui il fut envoyé avant publication.

Pour l'histoire de la perception de l'envie durant l'antiquité classique, le livre suivant peut être recommandé : SVEND RANULF, *The Jealousy of the Gods and criminal Law at Athens*, Londres, Williams and Norgate, 2 vol., 1933-1934. Sur l'*Hybris* suscitant la *Némésis* : DAVID GREENE, *Greek political Theory : The Image of Man in Thucydides and Plato*, Chicago, University of Chicago Press, Phoenix Books, 1965 ; E. R. DODDS, *The Greeks and the Irrational*, Berkeley, University of California Press, 1951, en particulier pour le deuxième chapitre.

Pour une approche générale de la compréhension médiévale de l'envie : EDOUARD RANWEZ, « Envie », *Dictionnaire de spiritualité*, col. 774-785 ; MIREILLE VINCENT-CASSY, « Quelques réflexions sur l'envie et la jalousie en France au XIVe siècle », in MOLLAT, *Etudes*, II, p. 487-504 (Paris, Publications de la Sorbonne, 1974), et « L'envie au Moyen Age », *Annales ESC* 35, 2, 1980, p. 253-271 ; enfin, LESTER LITTLE, « Pride goes before avarice : social change and the vices in latin Christendom », *The American historical Review,* nº 76, 1971, p. 16-48.

Depuis que Freud a postulé une envie féminine innée du pénis, le débat sur l'envie est devenu psychanalytique : MELANIE KLEIN, *Envy and Gratitude,* Delacorte Press, 1957, spécialement p. 176-235 (trad. fr., *Envie et Gratitude et autres essais,* Paris, Gallimard, 1968).

Voir aussi HELMUT SCHOECK, *Envy : A theory of social Behaviour,* New York, Harcourt, Brace & World, 1970 (tr. angl. de *Der Neid und die Gesellschaft,* Freiburg, Herder, 4ᵉ éd., 1974).

La compréhension de l'envie au Moyen Age passe par la connaissance de ses contraires : R. A. GAUTHIER, *Magnanimité : L'Idéal de la grandeur dans la philosophie païenne et dans la théologie chrétienne,* Paris, Vrin, 1951, étudie en profondeur le passage de la magnanimité classique à la magnanimité chrétienne. Voir aussi GERHARD LADNER, « Greatness in mediaeval history », *The Catholic historical Review,* vol. L, nº 1, avr. 1964. p. 1-26 ; J. D. MCCAWLEY (« Verbs of bitching », in D. HOCKNEY éd., *Contemporary Research in philosophical Logic and linguistic Semantics,* p. 313-332) a aiguisé mon appétit pour les études sémantiques sur l'histoire de l'envie dans les langages contemporains.

Economies hyperproductrices de marchandises par opposition aux économies de subsistance

J'ai trouvé le terme « *commodity-intensive society* » (hyperproductrices de marchandises) chez WILLIAM LEISS (*The Limits to Satisfaction,* Londres, Boyars, 1978). Dans l'introduction à l'édition anglaise, l'auteur définit sa propre position par rapport à cinq ouvrages récents qui traitent différemment du même sujet : ROBERT HEILBRONER, *Business Civilization in Decline,* New York, Norton, 1976 ; STUART EWEN, *Captain of Consciousness : Advertising and the social Roots of the Consumer Culture,* New York, McGraw-Hill, 1976 ; TIBOR SCITOVSKY, *The joyless Economy : An Enquiry into human Satisfaction and Consumer Dissatisfaction,* New York, Oxford University Press, 1976 (trad. fr., *L'Economie sans joie,* Paris, Calmann-Lévy, 1978) ; FRED HIRSCH, *Social Limits to Growth,* Cambridge, Harvard University Press, 1976 ; MARSHALL SAHLINS, *Culture and Practical Reason,* Chicago, University of Chicago Press, 1978 (trad. fr., *Au cœur des sociétés,* Paris, Gallimard, 1980). L'ouvrage de WILLIAM LEISS, *The Domination of Nature* (New York, Braziller, 1972), est fondamental.

Pour amorcer un débat sur la singularité historique d'une économie « désencastrée » typique de la société industrielle, consulter KARL POLANYI, *The great Transformation,* Boston, Beacon, 1944 et *Trade and Markets in the early Empires,* New York, Free Press, 1957. L'essai de NEIL J. SMELSER, « A comparative view of exchange systems » (*Economic Development and cultural Change,* 7, 1959, p. 173-182), bien qu'aujourd'hui daté, demeure une excellente approche de l'influence qu'a eue

Polanyi. Noter que S. C. HUMPHREYS, dans « History, economics and anthropology : the work of Karl Polanyi » (*History and Theory*, vol. 8, p. 165-212), soutient, contrairement à Polanyi, que la notion de maîtrise de la rareté est un des éléments nécessaires à la définition de l'économie pour établir des comparaisons entre les diverses sociétés. Un numéro spécial d'*Annales, Economies, Sociétés, Civilisations* (n° 6, nov.-déc. 1974), tente de faire le point sur Polanyi. Voir aussi C. MEILLASSOUX, « Essai d'interprétation du phénomène économique dans les sociétés traditionnelles d'autosubsistance », *Cahiers d'études africaines*, vol. 1, n° 4, p. 38-67, pour une décevante tentative de combiner les conceptions de Polanyi avec le marxisme français.

Le livre de LOUIS DUMONT, *Homo aequalis* (Paris, Gallimard, 1977), est mon guide préféré sur la redéfinition idéologique de la nature humaine qui se produisit parallèlement à la transformation du désir. Compléter avec C. B. MACPHERSON, *The political Theory of possessive Individualism*, Londres, Oxford University Press, 1962 (trad. fr., *La Théorie politique de l'individualisme possessif de Hobbes à Locke*, Paris, Gallimard, 1971) et *Democratic Theory*, Oxford, Clarendon Press, 1977. Sur l'utilitarisme, ELIE HALÉVY, *La Formation du radicalisme philosophique*, 3 vol., Paris, Félix Alcan, 1900-1903 (l'édition française étant devenue introuvable pour n'avoir pas été rééditée, seule la traduction anglaise est disponible : *The Growth of philosophical Radicalism*, Londres, Faber & Faber, 1928 ; réédition, 1972).

Les restrictions et les qualifications qu'il fallait appliquer à la plupart des termes de l'économie formelle chaque fois qu'ils étaient employés pour décrire une réalité sociale non monétaire devinrent un de mes problèmes majeurs. La bibliographie qui traite de l'applicabilité des concepts de l'économie formelle en anthropologie peut être trouvée dans G. DALTON, « Theoretical Issues in Economic Anthropology », *Current Anthropology*, vol. 10, n° 7, 1969, p. 63-102. Dans un prochain livre, J.-P. Dupuy fera une évaluation critique des « Nouveaux économistes » qui étendent l'analyse économique au secteur informel des sociétés contemporaines. *Mon* principal centre d'intérêt est la différence entre les connotations des termes économiques, et spécialement celui de « rareté », selon qu'ils sont employés pour décrire la pénurie de nourriture durant une famine chez les Barotsé ou le manque de temps d'une ménagère nerveuse.

Chômage

Dans une société qui vise le plein emploi, la plupart des gens qui font du travail non payé ne sont pas comptés parmi les chômeurs. Quant à savoir si « le concept de chômage [*unemployment*] dépassait la panoplie d'idées dont disposaient les premiers réformateurs victoriens, surtout parce que les mots leur faisaient défaut (G. M. Young, *Victorian England*) ou si... (évitant ce terme, en victoriens qu'ils étaient)... ils démontraient leur incompréhension [des sentiments populaires], thèse que soutiendrait E. P. Thompson (*Making of the English working Class*) », voir RAYMOND WILLIAMS, *Keywords : A Vocabulary of Culture and Society*, New York, Oxford University Press, 1976, p. 273-275.

Voir aussi JOHN A. GARRATY, *Unemployment in History : Economic Thought and public Policy*, New York, Harper and Row, 1978. Dans son introduction, l'auteur remarque : « (...) à ce jour personne n'a écrit une histoire générale du chômage (...). J'intitule ce livre *Le Chômage dans l'histoire* et non *Une histoire du chômage* (...). Mon objet n'est pas de décrire les conditions présidant à l'existence du chômage, mais de montrer comment le fait d'être sans travail fut perçu et vécu en différentes sociétés depuis les débuts de l'histoire écrite (...). » L'ouvrage illustre la futilité du recours aux termes modernes relatifs au « travail » dans la recherche historique.

Le foyer, le « ménage »

L'activité dénommée « travail ménager » dans le langage moderne ordinaire doit se comprendre comme substantiellement distincte de ce qui, hors de la société industrielle, s'accomplit dans le cadre d'un « ménage ». (cf. M. SÉGALEN, note suivante). Pour les attitudes indo-germaniques courantes envers la maison, voir EMILE BENVENISTE, *Le Vocabulaire des institutions indo-européennes*, vol. 1, Paris, Ed. de Minuit, 1969, p. 295 s.

On trouvera une introduction claire et synthétique sur le rôle de la maison dans l'économie de subsistance de l'Europe ancienne dans OTTO BRUNNER, « Das Ganze Haus und die Altereuropäische Oekonomik », *Neue Wege zur Verfassungs und Sozialgeschichte*, Göttingen, 1968. Lire aussi JEAN-LOUIS FLANDRIN, *Familles : parenté, maison et sexualité dans l'ancienne société*, Paris, Hachette, 1976, et deux ouvrages de JOSEPH RYKWERT : *On Adam's House un Paradise* (New York, Museum of modern Art, 1972 ; trad. fr., *La Maison d'Adam au Paradis*, Paris, Seuil, 1977) et *The Idea of a Town : The Anthropology of urban Form in Rome, Italy and the Ancient World* (Princeton University Press, 1976), qui proposent des introductions aux bases théoriques de l'architecture moderne. Voir aussi NORBERT ELIAS, *La Société de cour*, Paris, Calmann-Lévy, 1974. Mes lectures de ces divers ouvrages m'ont amené à penser que, de même que la santé a été « médicalisée » dans les sociétés contemporaines, la perception de l'espace a été professionnalisée. L'espace moderne est organisé pour les êtres humains en fonction du regard que porte sur lui l'architecte au service de ses collègues des professions médicales, pédagogiques et économiques. C'est aussi vrai pour l'espace de l'économie (voir PIERRE DOCKES, *L'Espace dans la pensée économique du XVIᵉ au XVIIIᵉ siècle*, Paris, Flammarion, 1968) que pour l'espace urbain. Très intéressant : JÜRGEN SCHLUMBOHM, « Strasse und Familie », *Zeitschrift für Pädagogik*, 25, 1979, p. 697-726.

La genèse de cet essai

Après avoir achevé *Némésis médicale* (Paris, Seuil, 1975), je décidai de développer le contenu du chapitre clef, c'est-à-dire le troisième (devenu le sixième dans la version définitive, *Medical Nemesis*, publiée par Pantheon, New York, 1976). Orienté par J.-P. Dupuy, je commençai à me plonger dans l'histoire de l'analyse économique. Je fus de plus en plus fasciné par ces aspects des sociétés hyperproductrices de marchandises que les économistes tendent à reléguer dans le « secteur informel ». Je m'y suis plus précisément intéressé sous l'angle laissé dans une épaisse pénombre par les projecteurs de l'économie. Et j'ai dénommé « économie fantôme » l'ensemble des traits communs à ces « transactions de l'ombre ». Phénoménologiquement, cette économie fantôme se distinguait à la fois des activités de subsistance et de l'économie formelle. Ayant étudié pendant près d'une dizaine d'années le travailleur « perdant son temps » en transports, le patient et l'étudiant, je me suis aperçu que leur comportement en tant qu'agents de l'économie fantôme et collaborateurs de la frustration enrégimentée était tout à fait comparable. Pour débroussailler cette question, j'ai écrit un article sur « Taught mother tongue » (« La langue maternelle inculquée » : voir *CoEvolution Quarterly*, n° 26, été 1980, p. 22-49 ; courts extraits in *CoEvolution*, n° 1, Paris, printemps 1980). Puis je suis tombé sur deux articles qui ont orienté mes lectures postérieures, l'un et l'autre n'étant, selon leurs auteurs, que des ébauches ; d'une part, CLAUDIA VON WERLHOF, *Frauenarbeit : Der Blinde Fleck in der Kritik der politischen Oekonomie*, Bielefed, 1978 (version anglaise, *Women's work : The Blindspot in the Critique of political Economy* ; les deux versions sont disponibles à l'Université de Bielefeld, Faculté de sociologie, Postfach 8640, 4800 Bielefeld, Allemagne) ; d'autre part, G. BOCK et B. DUDEN, « Zur Entstehung der Hausarbeit im Kapitalismus », *Frauen und Wissenschaft*, Berlin, Courage Verlag, juil. 1977, p. 118-199, qui contient une bonne bibliographie s'étendant jusqu'à 1975, et qui traite du contraste entre les caractéristiques du travail de la femme dans le cadre du foyer traditionnel et de celui de l'épouse du travailleur. L'étude de ces deux articles m'a amené à la conviction que l'activité prototypique de la ménagère moderne n'a aucun équivalent hors de la société industrielle ; que cette activité est essentielle à l'existence d'une telle société ; que le travail salarié contemporain n'a pu voir le jour que grâce à la structuration simultanée de ce nouveau genre d'activité. Je découvris ainsi, dans le travail que les femmes effectuent au sein de la sphère domestique de l'économie moderne, un type d'activité concernant tout autant les étudiants, les patients, les travailleurs se rendant au travail et autres consommateurs captifs que j'avais étudiés. A travers le travail ménager féminin, je commençai à voir l'expression de deux dégradations distinctes : une dégradation de la femme en caricature de ses sœurs du passé et une dégradation sans précédent du travail en travail fantôme, accompli par ces femmes mais aussi par des hommes, des enfants ou des patients. Il m'apparut que toute l'importance de la dégradation que les femmes subissent à l'âge industriel ne peut être convenablement comprise tant que la bifurcation entre « travail » et « travail fantôme » n'a pas été clairement établie. Le travail ménager n'est que l'exemple clef de ce travail fantôme.

Si nous voulons mettre un frein au travail fantôme, il nous faut d'abord préciser ce qu'il est. Le travail ménager occulte de la femme moderne, par exemple, n'est pas ce que les femmes ont toujours fait. C'est ce que prouvent par des voies subtilement indirectes deux splendides livres récemment publiés : MARTINE SEGALEN, *Mari et Femme dans la société paysanne*, Paris, Flammarion, 1980, et YVONNE VERDIER, *Façons de dire, façons de faire : la laveuse, la couturière, la cuisinière*, Paris, Gallimard, 1979. Tous deux témoignent à chaque page de l'heureuse surprise qu'éprouvèrent leurs auteurs, femmes modernes, en reconstituant la vie vernaculaire du siècle passé à partir des traces vivantes qu'elle a laissées dans la France rurale. Ainsi est-ce par l'histoire de l'activité quotidienne des femmes dans le processus de l'industrialisation que j'ai trouvé les meilleures contributions pour distinguer en théorie (comme types idéaux) le travail vernaculaire et le travail fantôme.

S'agissant des efforts déployés pour réduire l'emprise du travail fantôme et faire s'épanouir le travail vernaculaire, il fallait regarder ailleurs. Dans le monde entier des milliers de mouvements essayent de détacher leurs communautés à la fois du salariat et du travail fantôme en choisissant un style de vie orienté vers des valeurs d'usage alternatives. VALENTINA BORREMANS, *Reference Guide to convivial Tools* (New York, The Library Journal, numéro spécial 13, 1180 Avenue of the Americas, New York 10036), répertorie au moins quatre cents livres de référence sur cet univers énorme, quoique presque inaperçu, que Michel Bosquet passe en revue dans le numéro du 31 déc. 1979 du *Nouvel Observateur* (p. 43) : « L'Archipel de la convivialité (...) révélera à des centaines de milliers d'individus, qui se croyaient marginaux, qu'ils forment en réalité un archipel immense dont, pour la première fois, un livre d'exploration commence de recenser les îles et d'indiquer les contours. »

La subsistance

Dois-je utiliser ce terme ? Jusqu'à tout récemment il était monopolisé par l'expression « agriculture de subsistance », mode de vie des milliards d'individus qui sont au niveau de la « simple survie », sort dont les agences de développement devaient les sauver. Ou bien il signifiait le niveau le plus bas où puisse dégringoler un clochard. Ou encore, en dernier lieu, il évoquait l'idée de « subsister », elle-même identifiée au salariat. Afin d'éviter ces confusions, dans mon article de *CoEvolution* (*op. cit.,* 1re partie, p. 29-30) j'ai proposé l'emploi du terme « vernaculaire ». Il s'agit d'un terme technique utilisé par les législateurs romains pour désigner ce qui n'était pas « marchand ».

« *Vernaculum, quidquid domi nascitur, domestici fructus, res, quae alicui nata est, et quam non emit. Ita hanc vocem interpretatur Anianus in leg. 3 Cod. Th. de lustrali collatione, ubi Jacob. Gothofredus* » (DU CANGE, *Glossarium mediae et infimae latinitatis*, vol. VIII, p. 283).

Je veux parler des activités vernaculaires et du domaine vernaculaire — auquel correspond l'outil convivial. Activités orientées vers les valeurs d'usage, échanges non monétaires, activités économiques « désencastrées », économies substantives, tous ces termes ont été proposés par les économistes. Dans cet essai je m'en tiens à « subsistance ». J'opposerai les activités orientées vers la subsistance à celles qui sont au service d'une économie formelle, que ces activités économiques soient ou non rétribuées. Et, au sein des activités économiques, je distinguerai un secteur formel et un secteur informel, auxquels correspondent (respectivement) salaire et travail fantôme.

IGNACY SACHS et M. SCHIRAY, dans *Styles de vie et de développement dans le monde occidental : expériences et expérimentations* (Regional Seminar on alternative Patterns of Development and Life Style for the African Region, déc. 1978, CIRED, 54 b^d Raspail, Paris 6e), tentent une distinction similaire entre vraies et pseudo-valeurs d'usage : « Le hors-marché recouvre deux réalités fort différentes, les prestations de services gratuits par l'Etat et la production autonome de valeurs d'usage... Les pseudo-valeurs d'usage n'apportent aucune satisfaction positive de besoin autre que la satisfaction de posséder plus. » Voir à ce sujet IGNACY SACHS, « La notion du surplus et son application aux économies primitives », *L'Homme*, t. VI, n° 3, juil.-sept. 1966, p. 5-18, et ERICH EGNER, *Hauswirtschaft und Lebenshaltung*, Berlin, Duncker & Humblot, 1974. Un intéressant séminaire international sur la subsistance s'est tenu à Bielefeld (Université de Bielefeld, Faculté de sociologie, Postfach 8640, 4800 Bielefeld, Allemagne).

Sémantique du « travail »

Sur la sémantique comparée du mot clef « travail » dans les principales langues européennes, consulter J. KNOBLOCH, *Europäische Schlüsselwörter*, Band II, Kurzmonographien, Munich, Max Hüber, 1964 — spécialement, les contributions de META KRUPP, « Wortfeld "Arbeit" », p. 258-286; HARMUT GRAACH, « Labour and work », p. 287-316, et WALTER MEURERS, « Job », p. 317-354. R. WILLIAMS (*op. cit.*, p. 282 *s.*) décrit de manière vivante le glissement du mot « travail », d'abord effort productif des individus puis relation sociale prédominante. Pour une étude approfondie et bien documentée, consulter les articles de WERNER CONZE sur « Arbeit » et « Arbeiter », in O. BRUNNER, W. CONZE et R. KOSELLECK (éd.), *Geschichtliche Grundbegriffe,* vol. 1, p. 154-243. Ce dictionnaire monumental en sept volumes (sous-titré « Historisches Lexikon zur Politisch-sozialen Sprache in Deutschland ») sera achevé vers la fin des années quatre-vingt. Environ cent trente mots clefs qui ont subi un changement sémantique majeur avec l'apparition de la société industrielle ont été sélectionnés. L'histoire de l'utilisation politique et sociale de chaque terme y est donnée. Quoique chaque monographie porte sur l'usage d'un terme allemand, la bibliographie mentionne d'importantes études du même type dans d'autres langages européens. Principalement consacré au travail, l'article d'ARTHUR E. BESTOR Jr, « The evolution of the socialist vocabulary » (*Journal of the History of Ideas,* vol. 9, n° 3, juin 1948, p. 259-303), bien que datant un peu, demeure un excellent guide pour la sémantique historique de la terminologie socialiste. Voir aussi LUCIEN FEBVRE, « Travail, évolution d'un mot et d'une idée », *Journal de psychologie normale et pathologique,* vol. 41, n° 1, 1948, p. 19-28, et A. TOURAINE, « La quantification du travail : histoire d'une notion », *Le Travail, les Métiers, l'Emploi,* numéro spécial du *Journal de psychologie,* 1955, p. 97-112. Pour le Moyen Age : PAUL WILPERT (éd.), *Beiträge zum Berufsbewüsstein des mittelalterlichen Menschen,* Miscellanea medievalis, t. III, Berlin, 1964 ; ETIENNE DELARUELLE, « Le travail dans les règles monastiques occidentales du IVe au IXe siècle », *Journal de psychologie normale et pathologique,* vol. XVI, n° 1, 1948, p. 51-62 ; HELMUTH STAHLEDER, *Arbeit in der mittelalterlichen Gesellschaft,* Munich, Neue Schriftenreihe des Stadtarchive München, 1972. Sur la relation entre la signification du travail et la technologie au Moyen Age, voir LYNN WHITE Jr, *Technologie médiévale et Transformations sociales* (trad. fr., CM Civilisations et société, Mouton, Paris, 1969). L'influence de Luther sur la signification du « travail » est bien étudiée dans HILDBURG GEIST, « Arbeit : die Entscheidung eines Wortwertes durch Luther », *Luther Jahrbuch,* 1931, p. 83-113. Selon H. L. MENCKEN (*A Mencken Chrestomancy,* New York, 1953, p. 107) : « Il revient à l'hérétique Martin Luther d'avoir découvert que la chose était louable en elle-même. Il fut le véritable inventeur de la doctrine moderne selon laquelle le travail est intrinsèquement digne et méritoire, et l'homme qui porte son fardeau dans la chaleur du jour en quelque sorte plus agréable à Dieu que l'homme qui prend ses aises à l'ombre. » Pour le XIXe siècle, consulter aussi D. AMBROS et K. G. SPECHT, « Zur Ideologiesierung der Arbeit », *Studium generale,* Heft 4, 14. Jahrgang 1961, p. 199-207.

La colonisation linguistique

Voir J. LECLERC, « Vocabulaire social et répression politique : un exemple indonésien », *Annales ESC,* n° 28, 1973, p. 407-428. Pour références de base consulter aussi BEN ANDERSON, « The language of Indonesian politics », *Indonesia,* Cornell University, avr. 1966, p. 89-116, et D. VAN HINLOOPEN-LABBERTON in *Dictionnaire de termes de droit coutumier indonésien*, Nijhol, La Haye, 1934. Voir aussi IVAN ILLICH, « El derecho al desempleo creador », *tecno-Politica*, doc. 78/11, Cuernavaca, Mexique, sur le concept de colonisation mentale par l'importation linguistique.

Hannah Arendt et le travail servile

Le livre d'HANNAH ARENDT, *The human Condition* (New York, Anchor Books, 1959 ; trad. fr., *Condition de l'homme moderne*, Paris, Calmann-Lévy, 1961), contient de magnifiques chapitres sur le labeur et le travail, auxquels il est fréquemment fait référence. Leur valeur réside en ce qu'ils résument un consensus civilisé, occidental, sur une distinction entre règne de la nécessité et règne de la liberté, distinction qui fut fréquemment invoquée de Platon à Marx. Mais accepter comme une histoire du travail l'interprétation philosophique d'Arendt revient à ignorer la discontinuité du statut du travail lors du passage à la société industrielle. Selon moi, les conditions sociales du labeur et du travail, dans le sens classique que leur prête Hannah Arendt, ont été détruites. Sur le travail servile, voir aussi J.-P. VERNANT, « Travail et nature dans la Grèce ancienne », *Journal de psychologie normale et pathologique*, vol. 52, n° 1, 1955, p. 18-38 ; OTTO NEURATH, « Beiträge zur Geschichte der Opera Servilia », *Archiv für Sozialwissenschaften und Sozialpolitik*, vol. 51, n° 2, 1915, p. 438-465 ; PIERRE BRAUN, « Le tabou des *feriae* », *L'Année sociologique*, 3ᵉ série, 1959, p. 49-125.

Le travail et l'Eglise

On peut évaluer la place de « travail » en tant que mot clef dans la pensée catholique à partir des observations suivantes :

La seule référence vraiment encyclopédique sur le catholicisme est le *Dictionnaire de théologie catholique* en vingt-cinq volumes. Quand, après quarante ans de publication, l'avant-dernier fascicule de l'index fut publié, en 1971, les éditeurs y ajoutèrent un essai de six mille mots sur « travail », qui commençait par la phrase suivante : « L'absence d'un tel article dans cette encyclopédie est le symptôme d'une lacune en théologie... » J'ai l'intention de préparer un guide de recherche sur la contribution des principales confessions à l'évolution du travail fantôme au XIXᵉ siècle — principalement sous forme de travail social et de tâches ménagères — et sur l'évolution parallèle de l'idéologie « chrétienne » qui attribue au travail salarié une dignité intrinsèque.

Le meilleur guide bibliographique semble être la série d'articles sur « Arbeit » dans la *Theologische Realenzyklopädie*. Sur le thème de la violence commise au nom de la différence des sexes par la religion américaine (séparée de l'Etat) vers le milieu du XIXᵉ siècle, l'analyse d'ANN

DOUGLAS dans *The Feminization of American Culture* (New York, Avon Books, 1978) m'apparaît fort importante.

Les attitudes médiévales envers la pauvreté et le travail

L'attitude envers le faible, l'affamé, le malade, le sans-foyer, le sansterre, le fou, le prisonnier, l'esclave, le fugitif, l'orphelin, l'exilé, l'infirme, le mendiant, l'ascète, le marchand ambulant, le soldat, l'enfant trouvé, et tous les autres peu ou prou destitués a changé au cours de l'histoire. A chaque époque, le système des attitudes spécifiques vis-à-vis de chacune de ces catégories forme une constellation unique. Quand l'histoire économique étudie la pauvreté, elle a tendance à négliger ces attitudes. L'histoire économique tend à se focaliser sur les mesures de la ration calorique moyenne et médiane, les taux de mortalité spécifiques à chaque groupe, la polarisation dans l'usage des ressources, etc.

Au cours de la dernière décennie l'étude historique des attitudes envers la pauvreté a fait des progrès considérables. En ce qui concerne la fin de l'Antiquité et le Moyen Age, MICHEL MOLLAT, dans ses *Etudes sur l'histoire de la pauvreté* (série Etudes, t. VIII, 2 vol., Paris, publications de la Sorbonne, 1974), rassemble une sélection d'une trentaine d'études présentées à son séminaire. GABRIELLA SEVERINA POLICA (« Storia della poverta i storia dei poveri », *Studi medievali*, 17, 1976, p. 363-391), passe en revue la littérature récente. Sur l'expérience cyclique de la pauvreté au Moyen Age, voir aussi GEORGES DUBY, « Les pauvres des campagnes dans l'Occident médiéval jusqu'au XIIIe siècle », *Revue d'histoire de l'Eglise de France*, 52, 1966, p. 25-33. Certaines des contributions les plus précieuses ont été faites par un historien polonais, BRONISLAV GEREMEK (« Criminalité, vagabondage, paupérisme : la marginalité à l'aube des temps modernes », *Revue d'histoire moderne et contemporaine*, 21, 1974, p. 337-375, et *Les Marginaux parisiens aux XIVe et XVe siècles*, Paris, Flammarion, 1976). Voir aussi l'excellent livre de l'écrivain russe MIKHAÏL BAKHTINE, traduit en français par Andrée Robel, *L'Œuvre de François Rabelais et la Culture populaire au Moyen Age et sous la Renaissance* (Paris, Gallimard, 1970), qui dépeint les pauvres projetant leur propre image dans les carnavals, les fêtes, et les farces.

L'ouvrage de B. GEREMEK, *Le Salariat dans l'artisanat parisien au XIIe siècle* (Paris, Mouton, 1968), montre clairement que les seuls salariés légitimes étaient ceux qui dérivaient la plus grande partie de leur subsistance d'une participation au ménage de leurs employeurs. Voir aussi HELMUTH STAHLEDER, *op. cit.*

La perception non économique de la pauvreté

L'étude comparative des attitudes envers la pauvreté durant le Moyen Age occidental et oriental apporte des lumières sur ce sujet. EVELYNE

PATLAGEAN (« La pauvreté à Byzance au temps de Justinien : les origines d'un modèle politique », in M. MOLLAT, *op. cit.*, vol. 1, p. 59-81) démontre que dans la Byzance urbanisée, les textes de loi reconnaissaient déjà dans la pauvreté une condition essentiellement économique bien avant qu'une telle reconnaissance devînt possible en Europe continentale.

KARL BOSL : « " Potens " und " Pauper " : Begriffsgeschichtliche Studien zur Gesellschaftlichen Differenzierung im frühen Mittelalter und zum Pauperismus des Hochmittelalters », *Festschrift O. Brunner*, Göttingen, 1963, p. 601-687.

G. LADNER (« Homo viator : medieval ideas on alienation and order », *Speculum* 42, 1967, p. 233-259) décrit magistralement cette perception : le pèlerin, *homo viator* placé entre *ordo* et *abalienatio*, était au Moyen Age un idéal fondamental. Le *Convegni del centro di studi sulla spiritualità medievale* (vol. III, *Poverta e Richezza nella spiritualità del secolo XIᵉ-XIIᵉ*, Todi, 1969) rassemble une douzaine de contributions sur les attitudes envers la pauvreté qui complètent le recueil de Michel Mollat.

La thèse de G. COUVREUR, *Les pauvres ont-ils des droits ? Recherches sur le vol en cas d'extrême nécessité depuis la « Concordia » de Gratien, 1140, jusqu'à Guillaume d'Auxerre, mort en 1231* (Rome-Paris, thèse, 1961), est une étude détaillée sur la reconnaissance légale des droits procédant de la pauvreté vers la fin du Moyen Age. Sur les expressions légales, canoniques de ces droits, consulter B. TIERNEY, *Medieval Poor Law : A Sketch of canonical Theory and its Application in England*, Berkeley, University of California Press, 1959.

Sur Rathier, voir AUGUST ADAM, *Arbeit und Besitz nach Ratherus von Verona*, Fribourg, 1927.

Le closage, ou renfermement, est une façon de décrire le processus par lequel une culture populaire est privée de ses moyens de subsistance. Voir KARL POLANYI, *The great Transformation*, Boston, Beacon Paperbacks, 1957, spécialement les chapitre 7, « Speenhamland 1795 », et 8, « Antecedences and consequences », p. 77-102. L'étude de JEAN-PIERRE GUITTON, *La Société et les Pauvres : l'exemple de la généralité de Lyon, 1534-1789* (Bibliothèque de la Faculté des Lettres, Lyon, n° 26, 1971), m'a semblé une monographie particulièrement subtile sur le processus par lequel les pauvres furent transformés : « ... La société au XVIIIᵉ siècle, pour reconnaître sa responsabilité dans le paupérisme, condamne à l'extinction les mendiants et les vagabonds comme " ordre " social [...] la société marginalise le fond médiéval qui faisait de la pauvreté un signe d'élection, et de l'aumône [...] le signe de la solidarité organisée. »

ELIE HALÉVY (*op. cit.*) décrit l'attitude envers les pauvres en Angleterre telle qu'elle se reflète dans les écrits qui les concernent. En Angleterre, dès l'époque où l'avènement du protestantisme avait entraîné la disparition des monastères, la loi avait reconnu le droit des indigents, des infirmes, des mendiants, mais aussi des ouvriers ayant trop faible salaire, de recourir à l'assistance fournie par la nation. Le droit au secours alimentaire entra dans les textes de loi en 1562, 1572 et 1601. Dans chaque paroisse les juges de paix étaient habilités à lever une taxe des pauvres. Ce n'est qu'au début du XVIIIe siècle que les contribuables commencèrent à protester efficacement contre cette imposition, et vers 1722 les *workhouses* entrèrent légalement en exercice. La nouvelle formule du droit au travail supplanta le droit traditionnellement garanti à l'existence.

La destruction de la culture européenne traditionnelle

L'âge moderne, c'est une guerre menée sans répit depuis cinq siècles pour détruire les conditions de l'environnement de la subsistance, et les remplacer par des marchandises produites dans le cadre du nouvel Etat-nation. Dans cette guerre contre les cultures populaires et leurs structures, l'Etat fut tout d'abord aidé par les clergés des diverses Eglises, puis par les professionnels et leurs procédures institutionnelles. Au cours de cette guerre, les cultures populaires et les domaines vernaculaires — aires de subsistance — furent dévastés à tous les niveaux. Mais l'histoire moderne, du point de vue des vaincus de cette guerre, reste encore à écrire. Jusqu'ici prévalait dans les textes la conviction qu'elle avait été menée pour aider les pauvres à « progresser ». Ces textes étaient écrits du point de vue des vainqueurs. Les historiens marxistes ne sont généralement pas moins aveugles aux valeurs qui furent détruites que leurs collègues bourgeois, libéraux ou chrétiens. Quant aux historiens économistes, ils prennent dans l'ensemble comme point de départ de leurs recherches des catégories reflétant la conclusion préétablie que la rareté définie par le désir mimétique est la condition humaine par excellence.

Pour une lecture de l'histoire moderne en tant que guerre contre la subsistance, mon introduction favorite est *Culture populaire et Culture des élites dans la France moderne du XVe au XVIIIe siècle* de ROBERT MUCHEMBLED (Paris, Flammarion, 1978), que l'on complétera fructueusement par la lecture du livre d'Y. CASTAN, *Honnêteté et Relations sociales en Languedoc 1715-1780*, Paris, Plon, 1974. *Montaillou, village occitan, de 1294 à 1324*, d'EMMANUEL LE ROY LADURIE (Paris, Gallimard, 1975) montre comment il est possible de reconstituer avec une parfaite maîtrise la vie d'un village médiéval. Je recommande vivement la lecture de *La Peur en Occident, XIVe-XVIIe siècles*, de JEAN DELUMEAU (Paris, Fayard, 1978). En même temps que la peur, les attitudes envers la mort et l'enfance ont profondément changé : voir PHILIPPE ARIÈS, *L'Homme devant la mort*, Paris, Seuil, 1977 et *L'Enfant et la Vie familiale sous l'ancien régime*, Paris, Plon, 1960 ; C. GINZBURG, *Il formaggio e i vermi*, Turin, Einaudi Paperbacks, 65, 1976.

L'alchimie morale

THOMAS M. ADAMS, « Mendicity and moral alchemy : work as rehabilitation », *Studies on Voltaire and the XVIIIth Century*, vol. 151, 1976.

CHRISTIAN VON FERBER, *Arbeitsfreude : Wirklichkeit und die Ideologie.
Ein Beitrag zur Soziologie der Arbeit in der industriellen Gesellschaft,*
Stuttgart, Enke, 1959 : sur l'histoire de l'idée que le travail devrait faire
plaisir au travailleur.

Les métaphores que Marx emploie sans cesse sont loin d'être de simples
images : la substance Travail est cristallisée dans les produits ; en eux elle se
dépose, se coagule ; elle existe à la manière d'une gélatine amorphe, elle est
décantée d'un produit à l'autre.

Engels se réfère explicitement à la dialectique de la chimie mais, page
après page, réapparaît l'alchimie qui « réduit » le socio-historique à la
physiologie et vice versa. Pour Marx, l'épiphanie de la valeur réside dans la
matérialisation des facultés qui sont à l'origine endormies en l'homme et qui
ne s'éveillent qu'à travers sa transformation en producteur industriel. Voir :
CORNELIUS CASTORIADIS, « Valeur, Egalité, Justice, Politique. De Marx à
Aristote et d'Aristote à nous », *Les Carrefours du labyrinthe,* Paris, Seuil,
1978, p. 249-316; R. L. HEILBRONER, *Business Civilization in Decline,*
New York, Norton, 1976; O. HUFTON, *The Poor in* XVIIIth *Century France,*
Oxford, Clarendon Press, 1974. R. M. TAWNEY, dans *Religion and the Rise
of Capitalism* (1926, p. 254 *s.* ; trad. fr. : *La Religion et l'Essor du
capitalisme,* Paris, Rivière, 1951), indique qu'on peut remarquer un
durcissement de l'attitude envers les pauvres en Angleterre à la fin du
XVIIe siècle quand la pauvreté est pour la première fois identifiée au vice.
Dans *The English Poor in the* XVIIIth *Century : A Study in social and
administrative History* (Londres, 1926, p. 20 *s.*), DOROTHY MARSHALL ne
situe ce durcissement des attitudes qu'au début du XVIIIe, c'est-à-dire plus
tard que R. M. Tawney. Voir aussi : DOROTHY MARSHALL, « The old Poor
Law, 1662-1795 », in E. M. CARUS-WILSON, *Essays in economic History,*
vol. 1, p. 295-305 ; B. GEREMEK « Renfermement des pauvres en Italie,
XIV-XVIIe siècles », in *Mélanges en l'honneur de F. Braudel, 1,* Toulouse,
1973 ; HORST KRÜGER, *Zur Geschichte der Manufakturen und Manu-
fakturarbeiter in Preussen,* Berlin, RDA, Rütten und Löning, 1958,
p. 598.

L'économie morale

Sur la foule proto-industrielle, le livre d'EDWARD P. THOMPSON, *The
Making of the English working class* (New York, Random Press House,
1966), est désormais un classique. JOHN BREWER et JOHN STYLES, dans *An
ungovernable People : The English and their Law in the* XVIIth *and* XVIIIth
Centuries (Rutgers University Press, 1979), rassemblent des éléments pour
la première étude critique factuelle importante de Thompson. En Angleterre du moins, l'élite utilisait davantage les lois pénales que les lois civiles
pour réprimer la foule. L'intuition fondamentale de Thompson sur l'existence d'une économie morale est confirmée par les études récentes. Voir
aussi HANS MEDICK, « The proto-industrial family economy : the structural

functions of household and family during the transition from peasant society to industrial capitalism », *Social History*, 1, 1976, p. 291-315, à ce jour l'exposé le plus clair que j'aie lu sur cette transition. On pourra compléter cette lecture, en particulier pour une bibliographie plus étendue, par le texte de HANS MEDICK et DAVID SABEAN, « Family and kinship : material interest and emotion », *Peasant Studies*, vol, 8, n° 2, 1979, p. 139-160.

Quatre types de la division du travail à ne pas confondre

Ces quatre aspects sont étroitement liés, mais ne peuvent se clarifier que par des études distinctes.

1. Il devient de plus en plus évident qu'il n'y a pas de corrélation prouvée entre l'éducation reçue en vue d'une fonction spécialisée et la compétence technique requise pour l'accomplissement de cette fonction. Plus encore, les hypothèses fondamentales sur lesquelles s'appuyait une critique socialiste de la division capitaliste du travail ne tiennent plus. Voir l'introduction du livre d'ANDRÉ GORZ, *Critique de la division du travail*, Paris, Seuil, 1973, et son dernier ouvrage, *Adieux au prolétariat : au-delà du socialisme*, Paris, Galilée, 1980. « Les forces productives développées par le capitalisme en portent à tel point l'empreinte qu'elles ne peuvent être gérées ni mises en œuvre selon une rationalité socialiste. [...] Le capitalisme a fait naître une classe ouvrière dont les intérêts, les capacités, les qualifications, sont fonction de forces productives, elles-mêmes fonctionnelles par rapport à la seule rationalité capitaliste. Le dépassement du capitalisme [...] ne peut dès lors provenir que de couches qui représentent ou préfigurent la dissolution de toutes les classes sociales, y compris de la classe ouvrière elle-même [...]. La division capitaliste du travail a détruit le double fondement du " socialisme scientifique " — le travail ouvrier ne comporte plus de pouvoir et il n'est plus une activité propre du travailleur. L'ouvrier traditionnel n'est plus qu'une minorité privilégiée. La majorité de la population appartient à ce néo-prolétariat post-industriel des sans-statut et des sans-classe [...] Surqualifiés [...], ils ne peuvent se reconnaître dans l'appellation de " travailleur ", ni dans celle, symétrique, de " chômeur " [...] la société produit pour faire du travail [...] le travail devient astreinte inutile par laquelle la société cherche à masquer aux individus leur chômage [...] le travailleur assiste à son devenir comme à un processus étranger et à un spectacle. »

2. THOMAS KUBY représente une nouvelle tendance dans l'histoire de la technologie. Son article « Über den Gesellschaftlichen Ursprung der Maschine » (*Technologie und Politik*, n° 16, 1980, p. 71-103) est le résumé d'une étude sur Sir Richard Arkwright, le barbier et perruquier qui, en 1767, construisit la première machine à filer donnant un fil de coton utilisable pour la chaîne. Son invention est généralement conçue comme un progrès linéaire à partir de la machine à filer d'Hargreaves — déjà mue par un

moteur, mais ne donnant de fil utilisable que pour la trame. La division du travail n'était pas une conséquence inéluctable d'un progrès technique nécessaire à l'accroissement de la production. Bien plutôt, une productivité accrue n'aurait pu être obtenue des travailleurs si les développements techniques n'avaient été organisés de telle façon qu'ils les réduisent aussi à l'état de rouages disciplinés et fixés à la machine. On trouvera une splendide introduction à l'histoire de la pensée sur les relations entre liberté et techniques chez OTTO ULRICH, *Technik und Herrschaft*, Francfort, Suhrkamp, 1977. STEPHEN MARGLIN, dans « What do bosses do ? » (*Review of radical political Economics*, 6, été 1974, p. 60-112 ; 7, printemps 1975, p. 20-37), montre par ailleurs que le système de production usinière s'est développé au XIXᵉ siècle non pas à cause d'une supériorité technologique sur la production artisanale, mais à cause du contrôle plus efficace de la force de travail qu'il donnait à l'employeur.

3. Un troisième aspect sous lequel la division du travail est fréquemment abordée est celui de la répartition des tâches entre les sexes, spécifique de chaque culture. Voir, pour une introduction au thème, BARBARA DUDEN et KARIN HAUSEN, « Gesellschaftliche Arbeit — Gesellschaftsspezifische Arbeitsteilung », in A. KUHN & G. SCHNEIDER (éd.), *Frauen in der Geschichte*, Düsseldorf, Schwann, 1980. Cf. aussi note suivante.

4. La division économique entre travail productif et non productif est un quatrième aspect qui ne doit être confondu avec aucun des trois autres. Voir M. BAULANT, « La famille en miettes », *Annales*, 1972, p. 960 *s*. Pour le processus, voir HANS MEDICK, *op. cit.* C'est la redéfinition économique des sexes au XIXᵉ siècle. Je montrerai que ce caractère « sexuel » a été voilé au XIXᵉ siècle.

Division sexuée du travail

On ne trouvera pas deux sociétés non industrielles qui répartissent de la même façon les tâches entre hommes et femmes, comme l'a montré MARGARET MEAD dans *Male and Female, A Study of the Sexes in a changing World* (New York, Dell Publishing, 1968, spécialement p. 178 *s.* ; trad. fr. : *L'Un et l'autre sexe. Les Rôles d'homme et de femme dans la société*, Paris, Gonthier, 1971). Deux textes clairs et précis offrent de bonnes bibliographies : MICHAEL ROBERTS, « Sickles and Scythes : women's work and men's work at harvest time », *History Workshop*, 7, 1979, p. 3-28, et JUDITH BROWN, « A note on the division of labour by sex », *American Anthropologist*, 72, 1970, p. 1073-1078. Egalement, aperçus intéressants dans JANE I. GUYER, « Food, coca and the division of labour in two West African societies », *Comparative Studies in Society and History* 22, 3 1980, p. 355-373 ; MARTIN K. WHITE, *The Status of Women in pre-industrial Societies*, Princeton University Press, 1976 ; GÜNTHER WIEGELMANN, « Erste Ergebnisse der ADV Umfrage zur alten bäuerlichen Arbeit », *Rheinische Vierteljahresblätter* 33, 1969, p. 208-262 ; « Zum

Problem bäuerlicher Arbeitsteilung in Mitteleuropa », *Aus Geschichte und Landeskunde Festschrift für Franz Steinbach*, Bonn, 1960. Pour l'histoire médiévale : CHRISTOPHER MIDDLETON, « The sexual division of labour in feudal England », *New Left Review* 113/114, 1979, p. 147-168 ; MICHAEL MITTERAUER, « Zur familien-geschichtlichen Struktur im zünftigen Handwerk », *Festschrift für Adolf Hoffmann*, Münden, 1979, p. 190-219. Pour trouver des exemples tirés du passé anglais récent, voir JENNIE KITTERINGHAM, « Country work girls in the XIXth century England », in RAPHAEL SAMUEL, *Village Life and Labour,* London-Boston, Routledge et Paul Kegan, 1975, p. 73-138. Pour la bibliographie, consulter S.C. ROGERS, « Women's place : a critical view of anthropological theory », *Comparative Studies of Society and History*, 20, 1978, p. 123-167, et JAMES MILDEN, *The Family in past Time : a Guide to Literature,* New Jersey, Garland, 1977. Cette division culturelle du travail par sexe ne doit pas être confondue avec la division économique du travail entre l'homme essentiellement productif et la femme essentiellement reproductrice, qui vit le jour au cours du XIXe siècle.

Le couple moderne et la famille nucléaire

La famille nucléaire n'est pas nouvelle. Ce qui est sans précédent, c'est une société qui fait de la famille de non-subsistance une norme, impliquant ainsi une discrimination à l'encontre de tous les autres types de liens entre deux personnes ne prenant pas pour modèle cette nouvelle famille.

Cette nouvelle entité apparut au XIXe siècle sous la forme de la famille du salarié. Son but était d'accoupler un salarié principal et son ombre. Le foyer devint le lieu où était dépensé le salaire. Voir KARIN HAUSEN, « Die Polariesierung der Geschlechtscharakters : ein Spiegelung der Dissoziation von Erwerbs und Familienleben », WERNER CONZE (éd.), *Sozialgeschichte der Familie in der Neuzeit Europas, Neue Forschung*, Stuttgart, 1976, p. 367-393.

Ceci demeure vrai de nos jours, même lorsque tous les membres d'un foyer, d'une part gagnent leur vie, et d'autre part contribuent au travail ménager. Cela demeure même vrai pour la « studette du célibataire » équipée d'un « mini-frigo pour foyer d'une personne »...

Cette nouvelle fonction économique de la famille est souvent masquée par le débat sur la « famille nucléaire ». La famille nucléaire, c'est-à-dire les foyers organisés de façon conjugale, peut exister et a existé comme la norme tout au long de l'histoire dans des sociétés où l'union de personnes ne produisant pas leur subsistance aurait été inconcevable. PAUL VEYNE, dans « La famille et l'amour sous le haut Empire Romain » (*Annales,* 33e année, n° 1, janv.-fév. 1978, p. 35-63), affirme qu'à Rome, c'est entre Auguste et les Antonins, indépendamment de toute influence chrétienne, que l'idéal de la famille nucléaire, conjugale, est apparu. Il était dans l'intérêt des propriétaires de rendre ce genre de famille obligatoire pour leurs esclaves. Sous sa forme aristocratique, il fut repris par les chrétiens. GEORGES DUBY (*La Société aux XIᵉ et XIIᵉ siècles dans la région mâconnaise*, Paris, Ecole des Hautes Etudes, 1953) et DAVID HERLIHY (« Family solidarity in medieval Italian history », *Economy, Society and Government in medieval Italy*, Kent State University Press, 1969, p. 173-179) voient la famille européenne primitive réduite de façon caractéristique à une cellule conjugale jusque tard dans le XIIᵉ siècle. Puis commença un processus de consolidation fondé principalement sur la possession des terres, et dans lequel intervint peu le droit canonique. GIOVAN BATTISTA PELLEGRINI, dans « Terminologia matrimoniale » (*Settimane di studie del centro italiano per l'alto medievo di Spoleto*, 1977, p. 43-102), introduit à la complexe terminologie, ou à l'ensemble de terminologies, nécessaire pour comprendre le mariage médiéval. Voir aussi M. O. MÉTRAL, *Le Mariage : les hésitations de l'Occident*, préface de Philippe Ariès, Paris, Aubier, 1977. En ce qui concerne les XVIIᵉ et XVIIIᵉ siècles, j'ai trouvé utiles les ouvrages de PHILIPPE ARIÈS (*L'Enfant et la Vie familiale sous l'ancien régime*, Paris, Plon, 1960) et FRANÇOIS LEBRUN (*La Vie conjugale sous l'Ancien régime*, Paris, Colin, 1975). PETER LASLETT (*Un monde que nous avons perdu : les structures sociales pré-industrielles*, Paris, Flammarion, 1969) constate que la famille conjugale était caractéristique de l'Angleterre bien avant la révolution industrielle.

Selon EDWARD SHORTER (*The Making of the modern Family*, New York, Basic Books, 1975 ; trad. fr., *Naissance de la famille moderne*, Paris, Seuil, 1977, p. 42-45), citant les travaux de Lutz Berkner, les familles nucléaires étaient caractéristiques des paysans de l'Allemagne du Sud à une certaine période du cycle vital, quand les vieux avaient disparu. Il semble probable que la famille élargie est avant tout « la nostalgie des sociologues modernes ».

Ce qui rend unique la famille moderne, c'est la sphère « sociale » dans laquelle elle existe. Parmi les neuf sens que donne l'Oxford English Dictionary, le troisième — « groupe de personnes constitué des parents et de leurs enfants, qu'ils vivent effectivement ensemble ou non » — est présenté comme apparaissant au XIXᵉ siècle : « querelles de famille », 1801 ; « vie de famille », 1845 ; « impropre à la lecture familiale », 1853 ; « billets de famille pour entrée à demi-tarif », 1859 ; « magazine familial », 1874.

Voir aussi DAVID HERLIHY, « Land, family and women in continental Europe, 701-1200 », *Traditio* 18, 1962, p. 89-120, Fordham University, New York.

La famille comme institution policière

Dans la famille de subsistance, les membres étaient liés par le besoin de créer ensemble ce qui était nécessaire à leur existence. Dans la famille moderne centrée sur le couple, les membres sont maintenus ensemble dans l'intérêt d'une économie où ils ne jouent qu'un rôle marginal. Jacques Donzelot (*La Police des familles*, Paris, Ed. de Minuit, 1977) prolonge et développe les thèses de Michel Foucault (*La Volonté de savoir*, Paris, Gaillimard, 1976), en décrivant ce phénomène comme « maintien de l'ordre » par lequel le prétendu domaine social, le domaine auquel nous nous référons lorsque nous parlons de fléau « social », travail « social », programmes « sociaux », ascension « sociale », est créé. Selon Jacques Donzelot, l'histoire de ce domaine et le processus de sa formation, c'est-à-dire le « maintien de l'ordre », ne peuvent être confondus ni avec l'histoire politique traditionnelle ni avec l'histoire de la culture populaire. Ils représentent une dimension bio-politique qui se sert de techniques politiques pour investir le corps, la santé, les modes de vie et de logement, au moyen d'activités qui étaient toutes à l'origine classées dans le « maintien de l'ordre ».

La tentative de Donzelot pour décrire la formation de la « sphère sociale » sera mieux comprise après une lecture de Louis Dumont (« La conception moderne de l'individu : notes sur sa genèse en relation avec les conceptions de la politique et de l'Etat à partir du xiiie siècle », *Esprit*, Paris, février 1978), qui décrit l'apparition simultanée des sphères politique et économique. Voir aussi les commentaires de Paul Dumouchel (*op. cit.*) sur Louis Dumont.

Le diagnostic de la « *femme* »

Voir C. Lasch, *New York Review of Books*, 24 nov. 1977, p. 16. De récentes études historiques sur la « professionnalisation » ont montré que le professionnalisme n'a pas surgi au xixe siècle en réponse à des besoins sociaux clairement définis. Au contraire ce sont les nouvelles professions elles-mêmes qui ont inventé un grand nombre des besoins qu'elles prétendaient satisfaire. Elles ont joué sur les peurs populaires du désordre et de la maladie, délibérément adopté un jargon mystificateur, ridiculisé les traditions populaires et les initiatives personnelles comme arriérées et non scientifiques. Et elles ont de cette façon créé ou intensifié — non sans opposition — une demande croissante de leurs services. On trouvera chez Burton J. Bledstein (*The Culture of Professionalism*, New York, Norton, 1976) une excellente introduction à ce processus ainsi qu'une bonne bibliographie. Barbara Ehrenreich et Deirdre English (*For her own good : 150 years of the Expert's Advice to Women*, New York, Anchor Books, 1978) révèlent l'histoire du contrôle professionnel exercé sur les femmes. Cf. p. 127 : « ... au milieu du siècle, il semblait qu'il n'y aurait bientôt plus rien à faire à la maison. Educateurs, écrivains à succès et experts en sciences sociales s'alarmaient du vide croissant dans le foyer, que Veblen définissait comme la preuve d'un " gaspillage d'efforts " [...] autrement dit d'une consommation ostentatoire [...] Les prêtres et médecins offrirent de façon particulièrement convaincante leurs services qui feraient de la " vie au foyer " le produit le plus haut et le plus raffiné de la civilisation. »

Sur la médicalisation de la nature féminine, j'ai trouvé particulièrement utiles : G. J. BARKER-BENFIELD, *The Horrors of the half-known Life : Males Attitudes toward Women and Sexuality in the xix*[th] *Century America*, New York, Harper and Row, 1976 ; ROSALIND ROSENBERG, « In search of woman's nature, 1850-1920 », *Feminist Studies*, 3, 1975 ; CARROLL SMITH-ROSENBERG, « The hysterical woman : sex-roles in xix[th] Century America », *Social Research*, 39, 1972, p. 652-678 ; ANGUS MCLAREN, « Doctor in the house : medicine and private morality in France, 1800-1850 », *Feminist Studies*, 2, 1975, p. 39-54 ; ROBIN et JOHN HALLER, *The Physician and Sexuality in Victorian America*, Urbana, III., University of Illinois Press, 1974 ; MARTA VICINUS, *Suffer and be still : Women in the Victorian Age*, Bloomington, Indiana University Press, 1972 ; E. R. LEACH, *Culture and Nature or « La femme sauvage »*, The Stevenson Lecture, nov. 1968, Bedford College, The University of London ; enfin, Y. KNIBIEHLER, « Les médecins et la " nature féminine " au temps du Code civil », *Annales*, 31e année, n° 4, juil.-août 76, p. 824-845. *Quaderni Storici*, n° 44, 1980, est entièrement consacré à la médicalisation de la perception de la femme : voir particulièrement GIANNA POMATA, « Madri illegittime tra ottocento e novecento : storie cliniche e storie di vita », p. 487-542. BARBARA DUDEN, dans « Das schöne Eigentum » (*Kursbuch*, 49, 1977), commente les textes de Kant sur la nature des femmes.

De maîtresse de maison à ménagère

Voir, *supra*, BOCK et DUDEN, « Zur Entstehung der Hausarbeit im Kapitalismus ». L'ouvrage de NATALIE Z. DAVIS, *Society and Culture in early modern France* (Stanford University Press, 1975), pourrait offrir un bon point de départ à ceux qui ne sont pas versés dans cette question, et également celui de WERNER CONZE, *op. cit.* Le livre de NATALIE Z. DAVIS et JILL K. CONWAY, *Society and the Sexes : A Bibliography of Women's History in early modern Europe, colonial America and the United States* (New Jersey, Garland, 1976), est un instrument de travail indispensable. Comme complément j'ai trouvé utiles les études suivantes : JILL ROE, « Modernisation and sexism : recent writings on Victorian women », *Victorian Studies*, 20, 1976-1977, p. 179-192, et ROBERT MUCHEMBLED, « Famille et histoire des mentalités, xvie-xviiie siècles : état présent des recherches », *Revue des études du Sud-Est européen*, Bucarest, XII, 3, 1974, p. 349-369. Voir aussi SHEILA ROWBOTHAM, *Hidden from History : Rediscovering Women in History from the xvii*[th] *Century to the Present*, New York, Vintage Books, 1976 — dont une page non numérotée après la page 175 de cette deuxième édition contient un précieux choix bibliographique sur l'évolution du rôle des femmes en Grande-Bretagne au début de la période victorienne. Deux articles mettent en question le degré de validité des traditionnelles périodisations, catégorisations et théories du changement social, quand elles sont appliquées à l'histoire récente des femmes : PATRICIA BRANCA, « A new perspective of women's work : a comparative typology », *Journal of social History*, 9, 1975, p. 129-153, et JOAN KELLY-GADOL, « The social relations of the sexes : methodical implications of women's history », *Signs*, 11, 1978, p. 217-223.

LOUISE TILLY et JOAN SCOTT, dans *Women, Work and Family* (New York, Holt, Rinehart et Wilson, 1978), donnent de bonnes pistes bibliographiques pour des études plus poussées. En ce qui concerne le nouveau statut des femmes provoqué par les changements advenus en Amérique durant le premier quart du XIXe siècle, voir l'article clair et concis de GERDA LERNER, « The lady and the mill girl : changes in the status of women in the age of Jackson », *American Studies*, vol. 10, n° 1, 1969, p. 5-15. D'autre part, le comité d'études féminines de l'Université d'Oxford a publié deux recueils de rapports de séminaires, abondamment annotés, intéressants pour l'histoire du travail ménager : SHIRLEY ARDENER (éd.), *Defining Females : The Nature of Women in Society*, Londres, Croom-Halm, 1978, et SANDRA BURMAN (éd.), *Fit Work for Women*, Londres, Croom-Halm, 1979 : dans le dernier recueil, consulter aussi (p. 15-32) CATHERINE HALL, « The early formation of Victorian domestic ideology ». Au fur et à mesure que le travail productif se déplaçait du foyer à l'usine, les campagnes évangéliques (1780-1820), parallèlement au méthodisme wesleyen aux Etats-Unis, aboutirent à la consolidation d'une sphère domestique à l'intérieur de laquelle les femmes accomplissaient leurs *tâches* (conçues comme leur devoir), tandis que les hommes allaient faire leur *travail* au-dehors. Ne pas travailler devint, pour les femmes, la seule façon « convenable » de vivre. Comme ELIE HALÉVY (*op. cit.*) fut le premier à le remarquer, le domaine religieux devint lié au domaine domestique vers la fin du XVIIIe siècle, et ainsi la sphère privée de la moralité pouvait être opposée à la sphère a-morale, a-théologique de l'économie.

Ce n'est pas seulement au foyer que le travail féminin devint, d'une façon spécifique, distinct de celui des hommes. Au sein même du travail salarié, des travaux d'un nouveau type furent principalement réservés ou créés pour les femmes. KARIN HAUSEN, dans « Technischer Fortschritt und Frauenarbeit in 19Jh : zur Socialgeschichte der Nähmaschine » (*Geschichte und Gesellschaft*, Jg. 4, Heft 4, 1978, p. 148-169), décrit comment la machine à coudre, qui aurait pu rendre le foyer plus indépendant du marché, servit en fait à renforcer l'exploitation au moyen d'un travail salarié soi-disant féminin. M. DAVIES, dans « Woman's place is at the typewriter : the feminization of the clerical labor force » (*Radical America*, vol. 8, n° 4, juil.-août 1974, p. 1-28), fait une analyse semblable de l'utilisation de la machine à écrire, autour de laquelle une armée féminine sans précédent fut organisée. Sur la réorganisation de la prostitution autour des services de la médecine et de la police, voir ALAIN CORBIN, *Les Filles de noce : misère sexuelle et prostitution aux XIXe et XXe siècles*, Paris, Aubier, 1978. Sur la préhistoire de l'idéal de la femme au foyer, voir SARAH JANE R. HOOD,

The Impact of Protestantism on the Renaissance Ideal of Women in Tudor England, Thesis Ph. D., Lincoln, 1977. Extrait du résumé : « L'idéal féminin de l'épouse et de la mère apparaît pour la première fois parmi les humanistes du Nord à l'époque de la Renaissance. Les *studia humanitatis* étaient la clef du succès pour remplir auprès d'un époux-compagnon le rôle domestique d'épouse instruite et de mentor intelligent dans l'éducation des enfants. Cet idéal aristocratique remplaçait l'idéal médiéval de la vierge ou de la dame " courtoise ". La notion protestante de l'élection fit de l'idéal domestique la vocation de toutes les femmes dans l'Angleterre des Tudor. Les femmes étaient désormais " appelées " au mariage, et ne pouvaient guère faire de meilleure contribution qu'en mettant des enfants au monde. Le chef de famille remplaça le compagnon de la Renaissance. Le plus humble des foyers tint à contribuer dignement à la société pieuse. Mais quand toutes furent appelées au mariage et à la maternité, les femmes ne furent plus appelées à rien d'autre. Choisir autre chose était renier leur sainte vocation. Ainsi fut dogmatisé l'idéal domestique. »

Un des principaux moyens par lesquels la société, à travers ses agents, les professionnels des soins, imposa aux femmes un travail récemment défini, est l'idéal de la sollicitude maternelle. On peut suivre comment le maternage devint une sorte de travail fantôme, non payé et professionnellement supervisé, dans les ouvrages suivants : FRANÇOISE LOUX, *Le Jeune Enfant et son corps dans la médecine traditionnelle,* Paris, Flammarion, 1978 ; J. P. BARDET, « Enfants abandonnés et enfants assistés à Rouen dans la seconde moitié du XVIIIe siècle », *Hommage à Rachel Reinhard,* Paris, 1973, p. 19-48 ; J. GELIS, M. LAGET et M. F. MOREL, *Entrer dans la vie : Naissances et Enfances dans la France traditionnelle,* Paris, Gallimard, 1978 ; UTA OTTMÜLLER, « *Mutterpflichten* » : *Die Wandlungen ihrer inhaltlichen Ausformung durch die akademische Medizin,* Berlin, Université technique, p. 1-47, MS, 1979, avec une excellente bibliographie sélective ; GENEVIÈVE DELAISI DE PARSEVAL et SUZANNE LALLEMENT « Les joies du maternage de 1950 à 1978, ou les vicissitudes des brochures officielles de puériculture », *Les Temps Modernes,* Paris, oct. 1978, p. 497-550 ; ELIZABETH BADINTER, *L'Amour en plus,* Paris, Flammarion, 1980.

DENIS POULOT, *Le Sublime ou le Travailleur comme il est en 1870 et ce qu'il peut être,* introduction d'Alain Cottereau, Paris, Maspero, 1980 : le propriétaire d'un petit atelier à Paris en 1869, lui-même ancien ouvrier, essaye d'établir une typologie des « travailleurs » et comment chacun de ces types se comporte envers son patron et envers sa femme.

Les travestissements du travail fantôme

ANN OAKLEY, *Woman's Work : The Housewife, Past and Present,* New York, Vintage Books, 1976. Le chapitre 7 traite de façon approfondie des mythes neufs : division économique entre les sexes, conception « économique » de la famille, antagonisme entre les sphères domestique et publique.

Sur l'argument « biologique », voir CLIFFORD GEERTZ dans la recension de l'ouvrage de D. SYMON, *The Evolution of human Sexuality* (Oxford University Press, 1980) publié dans la *New York Review of Books,* 24 janv. 1980 ; voir aussi R. HUBBARD, *Women look at Biology,* Boston, Hall, 1979.

NONI NAG, dans « An anthropological approach to the study of the economic values of children in Java and Nepal » (*Current Anthropology,* 19, 2, 1978, p. 293-306), donne une bibliographie générale sur les imputations de valeurs économiques aux membres d'une famille.

Sur le « couplage économique » dans le mariage, voir : GARY S. BECKER, « Une théorie du mariage », *Journal of political Economy,* 81, 1973, p. 813-846 ; *The economic Approach to human Behavior,* University of Chicago Press, 1976 ; H. LEPAGE, *Autogestion et Capitalisme,* Paris, Masson, 1978.

Pour l'analyse de l'homologie entre le concept de « nature » et de « femme » dans la société industrielle, voir un texte tout récent : CLAUDIA VON WERLHOF, « Frauen und dritte Welt als " Natur " des Kapitals », in H. DAUBER et W. SIMPFENDÖRFER, *Miteinander Leben,* Wuppertal, Peter Hammer Verlag, 1981.

Table

IMP. S.E.P.C. À SAINT-AMAND (CHER)
D.L. 1er TR. 1981. No 5803 (2907-012)

La Bibliot
iversit
Ec

NOV

Bibliothèque
Université d'Otta
Echéance

OCT 01 1997

SEP 2 9 1997

NOV 2 7 1997

NOV 2 8 1997

MAY 1

NOV 0

03 JUIN '86